Buscando o seu **100%**

Uma vida de vitórias e aprendizados do bicampeão mundial de surf

TECO PADARATZ

Buscando o seu 100%

Uma vida de vitórias e aprendizados do bicampeão mundial de surf

São Paulo
2020

© **Todos os direitos reservados a Flávio Padaratz, 2020**
1ª Edição, Editora Gaia, São Paulo 2020

Jefferson L. Alves – diretor editorial
Richard A. Alves – diretor comercial
Solange Eschipio – gerente de produção
Juliana Campoi – assistente editorial
Elisa Andrade Buzzo – revisão
Redactor Comunicação – coordenação editorial; projeto gráfico e direção de arte
Mário Xavier – edição
Fabiano Murilo Fischer – assessoria de produção
Júlia Machado Padaratz – conceito da capa
Bruno Lemos – imagem de capa / crédito: Tropical Brasil
Flávio Vidigal – imagem de contracapa
Ana Claudia Limoli – diagramação

A Editora Gaia agradece a Flávio Padaratz pela gentil cessão das fotos de seu acervo pessoal.

Obra atualizada conforme o
NOVO ACORDO ORTOGRÁFICO DA LÍNGUA PORTUGUESA.

Na Editora Gaia, publicamos livros que refletem nossas ideias e valores: Desenvolvimento humano / Educação e Meio Ambiente / Esporte / Aventura / Fotografia / Gastronomia / Saúde / Alimentação e Literatura infantil.

Dados Internacionais de Catalogação na Publicação (CIP)
(Câmara Brasileira do Livro, SP, Brasil)

Padaratz, Teco
   Buscando o seu 100% : uma vida de vitórias e aprendizados do bicampeão mundial de surf / Teco Padaratz. – São Paulo : Gaia, 2020.

   ISBN 978-65-86223-01-9

   1. Padaratz, Teco, 1971- 2. Surfistas – Autobiografia 3. Surfistas – Brasil I. Título.

20-38275   CDD-797.32092
Índices para catálogo sistemático:
1. Surfistas : Autobiografia   797.32092
   Cibele Maria Dias – Bibliotecária – CRB-8/9427

Apoio cultural:

Direitos Reservados

editora gaia ltda.
Rua Pirapitingui, 111-A – Liberdade
CEP 01508-020 – São Paulo – SP
Tel.: (11) 3277-7999
e-mail: gaia@editoragaia.com.br
www.editoragaia.com.br

Colabore com a produção científica e cultural.
Proibida a reprodução total ou parcial desta obra sem a autorização do editor.

Nº de Catálogo: **4475**

# Sumário

Dedicatória | 9

Agradecimentos | 11

Prefácio
Avelino A. Bastos | 15

Capítulo 1
Os caminhos que me levaram ao surf | 21

Capítulo 2
O começo do treinamento com Avelino Bastos, "O Barão" | 31

Capítulo 3
A ida para os Estados Unidos e o preparo para a profissionalização | 37

Capítulo 4
Os primeiros campeonatos internacionais amadores | 47

Capítulo 5
Gabriela e nossas duas filhas: uma história de amor e família | 55

Capítulo 6
Ingressando no circuito profissional da ASP na Austrália | 61

Capítulo 7
A disputa com Kelly Slater na França em 1994 | 69

Capítulo 8
Dois inesquecíveis duelos com Martin Potter | 73

Capítulo 9
Na busca do 100%: aprendendo com as vitórias e as derrotas | 81

Capítulo 10
O grande susto com a malária que contraí na Indonésia | 95

Capítulo 11
Trazendo o Circuito Mundial da ASP para Santa Catarina | 111

Capítulo 12
O significado da música em minha vida | 123

Capítulo 13
Sou muito grato ao Universo: boa sorte e boas ondas sempre! | 131

# Dedicatória

Enquanto escrevia este livro, pensava sobre para quem eu estava criando a obra. A gente primeiro imagina quem vai ler o conteúdo, e então os pensamentos fluem com um determinado objetivo. Parece que é daí que vem a motivação toda e, com ela, a inspiração para dizer as coisas certas, com cuidado e atenção em cada detalhe, de modo que todos possam assimilar o que está sendo transmitido.

Ao longo de meu trabalho de criação, a imagem das minhas duas filhas, Júlia e Laura, vinha sempre à mente. Parece que eu estava escrevendo para elas – tentando ainda passar-lhes algo além da criação e educação que eu e minha esposa Gabriela lhes demos.

A partir desse sentimento, brotou em mim uma responsabilidade muito grande em desenvolver o livro corretamente. Não preciso nem dizer o quanto elas foram, são e serão importantes na minha vida. Elas são como uma "gasolina" no meu motor! A presença delas me mantém no limite da minha postura como pai, amigo, e como pessoa pública que acabei me tornando.

Júlia e Laura são completamente diferentes uma da outra, e isto me ajudou muito a ampliar meus pensamentos e minha consciência, procurando nunca parecer unilateral nas minhas opiniões, mas tentando ao mesmo tempo ser o mais sincero possível.

Por isso, dedico este livro também a todos os pais, pois vocês já têm o meu respeito – afinal, sou ciente do que é necessário para bem exercer este papel e posso entender a realidade de cada um e suas singularidades, mas passamos pelos mesmos desafios da vida e as mesmas responsabilidades que nos cabem. Bora seguir na missão!

Ao finalizar esta dedicatória, lembrei ainda de minhas filhas de uma forma confiante e esperançosa, acreditando que, através das histórias reunidas aqui, eu possa expressar mais completamente quem é, e como é o pai delas, incluindo meus acertos e eventuais falhas e limitações.

É como se eu tentasse me redimir das decepções que eu possa ter causado a ambas; e para que sejam capazes de aprender, também, por meio dos equívocos do pai, para seguirem mais certeiras na vida. Enfim, Júlia e Laura, aproveitem a leitura das páginas seguintes, pois, de uma maneira humilde e às vezes até carente – mas sempre com muito amor –, esse é o pai de vocês!

Agradecimentos

Gostaria muito de agradecer diversas pessoas que colaboraram não apenas para este livro, mas para toda a minha vida. Acho que teria que escrever outro livro só para mencionar todos. Afinal, fiz muitas amizades ao longo desta jornada.

Existem, porém, certos personagens que se destacaram no decorrer desta trajetória. Primeiramente, quero agradecer ao Fabiano Fischer. Ele acreditou, desde o início, na necessidade de publicar esta obra. E, sobretudo, teve a paciência e a perseverança de manter o pique, atravessar todas as fases mais difíceis do processo, sem me deixar perder a motivação e a inspiração.

Vale salientar que o Fabiano tem outra participação muito importante na minha vida, pois é o surfista que mais competiu comigo em toda a carreira: já dividiu mais de 50 finais de campeonatos na época de amador e também alguns campeonatos profissionais. Que parceiro! Hoje compartilhamos todas as minhas atividades de trabalho, como irmãos!

Quero agradecer também ao Avelino Bastos. Ele me deu um rumo na vida e soube me conduzir pelos inúmeros desafios que passei, e até hoje ainda trocamos conselhos e experiências. Se tem um cara que tenho certeza que posso contar para qualquer coisa, esse cara é o Avelino. Uma mistura de irmão com pai!

Grato por ser o personagem principal desta história, *brother*! E por me ensinar sobre caráter e atitude!

A próxima pessoa a quem expresso minha gratidão é a Gabriela Machado Padaratz. Fico até sem jeito de falar sobre a Gabi, pois ela me conhece tanto! Foi ela quem teve a ideia de traduzir para um livro as histórias, os pensamentos e os *insights* que apresento nas minhas palestras.

É ela quem está ao meu lado quando estou no pior estado; é a última pessoa na sala quando perco a cabeça; me atura em dias que é melhor nem mencionar. Em compensação, a Gabriela é a primeira a me dar um abraço, todo dia pela manhã; esteve comigo em todos os momentos da minha carreira; viajamos o mundo e nos divertimos muito nas aventuras que passamos.

Gostamos de filmes diferentes (risos), mas somos tão parecidos naquilo que almejamos como pessoa que parecemos gêmeos. Já nos deram vários apelidos, mas o engraçado é que sempre era "um" apelido para "duas pessoas". Parece que muita gente nos vê como uma só individualidade, uma só alma. Acho que estamos nos tornando uma entidade (risos).

Gabi, como eu queria te dar uma vida ainda melhor: você me trouxe tanto amor que não cabe aqui nesta obra! Sem você eu teria perdido o controle da minha vida há muito tempo. Muito grato! Eu te amo para outras quatro vidas!

Expresso também meu profundo agradecimento aos meus pais, Percy Padaratz e Madrison Espindola! Aprendi muito com ambos, de maneiras que vocês não imaginam! Não se preocupem, eu entendo as decisões difíceis que vocês tiveram que tomar, e acredito que foi o melhor que poderia ter acontecido:

afinal, sou pleno e feliz com a educação que recebi de vocês. Ainda vamos curtir muito!

Meus manos, Charles e Percy Jr.: vocês me acompanharam tanto! Cada um ao seu jeito, vocês servem de referência em tudo que faço, e vou amá-los para sempre. Peço desculpas pelos momentos em que me "passei" com vocês, mas sei que posso contar com o seu amor sempre, e espero que sintam o mesmo de mim. Se cuidem, e mantenham o caráter e a personalidade para com a família de vocês.

Registro meu agradecimento também aos meus treinadores Nilson Borba, Mário de Andrade e Marco Schultz. Aprendi muito com vocês três! Professor Nilson Borba (que Deus o tenha), me ensinou, através do judô, o respeito ao adversário e ao seu mestre. Mário de Andrade me ensinou sobre biomecânica e meus limites físicos, me dando força e agilidade incríveis. E meu irmão Marco Schultz me ensinou sobre mim mesmo: ou melhor, me mostrou o caminho para que eu mesmo descobrisse quem sou de verdade – me mostrou sobre a verdade, o único caminho para a evolução!

Por fim, gostaria de agradecer à voz da consciência: meu Deus! A verdade sobre a verdade! A pura sabedoria disponível no Universo – a Força Maior! Vocês todos completam meus 100%!

 # Prefácio

Para entender um pouco do contexto que colocou esse jovem talentoso – de caráter forte e enorme coração – no meu caminho, preciso retroceder um pouco a tempos ancestrais desta história.

O início dos anos 1980 estavam efervescentes de novidades. Sentíamos que era possível conquistar e realizar o que nossos desejos nos impulsionassem. O surf era um elixir de liberdade, o "braço" esportivo da geração *hippie*, aqueles loucos da contracultura dos anos 1960/70.

Foi naquele ecossistema de conquistas de liberdade que alguns surfistas encontraram o seu propósito e um meio de viver surfando. Daí surgiu a indústria de fabricação de pranchas e o mercado do *surfwear* que vestiu toda uma geração.

Eram tempos em que "espiávamos" o que acontecia no mundo, Califórnia, Havaí, Austrália, e desejávamos adotar aquele estilo de vida e ter tudo que vinha de fora: roupas, músicas, pranchas, revistas, marcas, estilos... Tudo que pudesse nos remeter àquele sonho. Na realidade, para nós, naquele momento, os surfistas "gringos" eram como deuses soberanos sobre as ondas.

Eu descobri a minha vocação muito cedo, em 1970, aos nove anos. Por iniciativa própria tentei fazer uma prancha, mas eu vivia numa cidade que não tinha surf nem referências.

Quando alguns anos mais tarde mudei para Santos (SP), conheci o surf de verdade e comecei a surfar.

Logo em seguida, aos 15 anos, realizei o meu sonho de fazer uma prancha e acabou virando a "mola propulsora" para construir a minha carreira. Comecei a ter encomendas de amigos e, em seguida, de pessoas que nunca tinha visto. Vislumbrei uma vida no paraíso, fui em busca dele e, em 1981, inaugurei em Florianópolis a Tropical Brasil.

Foi um momento mágico, os campeonatos começavam a borbulhar, surgiram as revistas de surf e a moda vingou. No desejo de divulgar o meu trabalho como *designer* e *shaper* (escultor de pranchas), montei uma equipe de competição que misturava uma rapaziada desconhecida de Santos e de Santa Catarina. Fomos um sucesso nacional desde o primeiro momento!

Logo senti a necessidade de ver o mundo que tanto idealizava e me lancei, em 1983, numa viagem internacional pela Europa e pelos Estados Unidos. Em pouco tempo percebi que éramos tão bons quanto eles. Não devíamos nada em talento, apenas nos faltava a crença em nós mesmos. Vi que a grande diferença não estava neles, mas em nós mesmos, em nossos valores e autoestima.

Voltei em 1984 para o Brasil determinado a retomar o meu trabalho, mas agora com outro foco: conquistar o mundo. Sentia que a distância do sucesso estava ao alcance de apenas um sonho. Sabia que para quebrar essa realidade do complexo de "vira-latas", que nos acompanha desde sempre, eu tinha que trabalhar com corações e mentes menos contaminadas.

Daí surgiu a ideia de montar uma equipe de garotos, pré-adolescentes, com a qual fosse possível estabelecer um plano de futuro crível, algo como fizeram nossos patrícios navegadores do século XV: como não sabiam que era impossível, foram lá e realizaram.

Conversando sobre o "plano" com um grande amigo, Jordão Bailo Jr., um dos melhores juízes de surf, ele comentou de um garoto loirinho de Balneário Camboriú (SC), que apresentava as características ideais para fazer parte desse grupo. Foi aí que o Flávio "Teco" Padaratz entrou na história – ambos devemos muito ao Jordão.

A convite do Jordão, fui acompanhar uma competição em Balneário Camboriú para ver, entre outros, aquele garoto de atitude forte destruir suas baterias na competição e sair da água para ir brincar na areia com os amiguinhos. Hoje, quando falamos de garotos de 13 anos no surf, vemos "personagens" que não condizem com a idade, são réplicas pretensiosas de adultos, cheios de marra e fantasiados de *superstars*.

Aquele garoto tinha a infantilidade e ingenuidade necessária para enxergar o futuro com pureza e brilho no coração. Ao vê-lo, identifiquei que ali estava um ótimo candidato para o projeto. Após o evento, fui me apresentar para o Teco e propus um trabalho, inicialmente um patrocínio de pranchas. Daí veio uma surpresa e a confirmação de que ele era a pessoa certa.

Ele recusou alegando que havia assumido a palavra com outro fabricante e iria cumpri-la, mesmo a minha oferta sendo mais vantajosa naquele momento. Caráter a toda prova, palavra dada, palavra a ser cumprida. Incrível que isso não me abalou – descobri ali que tínhamos um longo caminho a seguir juntos e era apenas uma questão de tempo para estarmos lado a lado.

Não me dando por vencido, propus que voltássemos a nos falar em seis meses e, se as coisas não estivessem como ele pretendia, que ele reavaliasse a minha proposta. Exatamente seis meses depois encontrei-o em outro evento em Balneário Camboriú e invoquei o nosso acordo de seis meses atrás. Teco então disse que estava disposto a avaliar a minha proposta, mas que isso era uma decisão de família e eu deveria conversar com sua mãe e esclarecer o "plano".

Nesse momento, descobri que a força do caráter do garoto Teco tinha uma estrutura muito sólida junto a ele – fui recebido na casa de sua família, naquela noite, para um churrasco que festejava mais um título do prodígio, e tive a oportunidade de conhecer Madrison Espindola, a Nina, e seus irmãos Charles e Percy "Neco". Num daqueles eventos raros da vida, pude contar meu "plano" de vivermos como profissionais do surf.

Coisa de louco: lembro até hoje descrevendo como seria a nossa trajetória, as dificuldades em romper as nossas barreiras no Brasil e depois as no estrangeiro; como superaríamos limites, preconceitos, dificuldades financeiras; e, como ao final, nos transformaríamos em profissionais respeitados e reconhecidos na sociedade como esportistas sérios – mas isso significava assumir riscos e ter a conduta certa perante os desafios.

Imaginem, eu um jovem empresário do surf (23 anos) propondo uma loucura para uma mãe de um garoto de 14 anos? Se hoje já é estranho, imagine-se em 1984. Acredito que a história colou, porque a Nina nos deu carta branca para seguir com o plano, desde que não abríssemos mão dos estudos e dos conceitos de educação e conduta que ela tanto preservava na educação dos filhos.

A partir daí, junto com esse garoto, tive a oportunidade de desbravar o desconhecido, colocar planos em marcha e realizar algo nunca antes acreditável – vencer os "deuses do surf" em suas próprias praias e ondas. Conquistamos o mundo e o Brasil – sim, o Brasil veio depois, primeiro provamos que era possível lá fora, depois o país embarcou.

Foram grandes desafios, treinos exaustivos, viver sozinho no exterior, ficar longe da família, perder injustamente, preconceito, privação financeira, dúvidas sobre o futuro, solidão. Acertamos e erramos muito, mas nunca desistimos.

O garoto amadureceu, se afirmou, conquistou o mundo, casou, fez família, virou ídolo, representante da categoria, comentarista, empresário, músico e ator. Tenho uma enorme admiração pelo Flávio "Teco" Padaratz. Sou grato por ele ter acreditado naquela história de ser surfista profissional: isto foi determinante em nossas carreiras!

Foram anos incríveis de muita dedicação, realizações e bons desafios. O Flávio foi além do que combinamos, foi dedicado ao plano, assumiu o papel de forma incondicional, e foi surpreendentemente dedicado e fiel ao objetivo maior. Neste caminho viramos até família – tenho orgulho de ser padrinho de casamento dele com a Gabriela, companheira inestimável, e também padrinho da filha Laura. Mas o mais importante é que, como amigos, realizamos lado a lado o nosso destino.

Acreditar de coração no próprio destino, mesmo que pelas lentes de outro, requer muita coragem, lucidez, determinação e uma grande dose de ousadia. Muitos falam da minha influência sobre a carreira do Teco, mas hoje tenho plena certeza de que fui apenas o mensageiro com o mapa do destino e o conferente nos *checkpoints*: o cara já sabia desde cedo aonde queria chegar.

Avelino A. Bastos
Empreendedor e *designer* de produtos
focado no avanço dos esportes náuticos

CAPÍTULO 1

Os caminhos que me levaram ao surf

Começo a contar esta história a partir de minha infância, quando já tinha cerca de 5 ou 6 anos de idade. De lá carrego as pioneiras lembranças que identifico como vindas da minha personalidade e começando a se manifestar por meio dos meus primeiros atos.

Nasci em Blumenau, Santa Catarina, em 19 de abril de 1971. Quando ainda bem pequeno, por volta dos 9 anos de vida – mas já morando em Balneário Camboriú (BC) e estudando em Itajaí, no Colégio São José –, foi quando esse "alemãozinho" começou a chamar atenção. Assim que entrei no colégio, talvez por causa de um pré-primário bem-feito, logo senti facilidade dentro da sala de aula.

Manifestava-me a cada cinco minutos sobre aquilo que já havia aprendido com meu irmão Charles: com um ano e dez meses a mais do que eu, ele passava tudo para mim como se tivesse aprendido no mês anterior. E eu sabia que só precisaria confirmar minhas conclusões com a professora.

Não demorou três meses para a professora me enviar para a casa por um mês, para que eu diminuísse um pouco a velocidade dentro da sala. Não sei, até hoje, se isso foi castigo, ou se ela falava sério mesmo. Confesso que era meio agoniado em tudo que fazia – pouca paciência, porém sobrava energia.

Minha mãe, naquele momento, fez um belo trabalho me dizendo que eu teria que acompanhar o ensino sem interromper as aulas – apenas anotando o que gostaria de concluir e tirando as dúvidas com o meu irmão em casa.

Charles começou a me ajudar nas tarefas escolares de casa, e eu mesmo não entendo muito o porquê de tanta dedicação. Entretanto, assim pude aproveitar o tempo economizado nas tarefas (que com a ajuda dele iam muito mais rápidas) para surfar e me dedicar a evoluir naquela brincadeira maravilhosa que era correr ondas. Como morava na frente da praia, em Balneário Camboriú, isso se tornava prático e fácil de resolver.

Não sei se Charles fazia tudo aquilo por mim, ou se ele estava pensando no tempo dele para também surfar. O que importa, porém, é que ele foi parceiro demais e, sem que eu percebesse, nascia ali meu melhor amigo e, provavelmente, meu primeiro fã.

Logo percebi que era no esporte que minha energia faria mesmo a diferença que eu viria a gostar. **Fazer a diferença!** Passar para as pessoas quem eu era de verdade. Sempre me perguntei se as pessoas me olhavam como eu realmente era, ou me viam de acordo com suas opiniões e preconceitos.

Eu queria ser visto como um cara descolado, esperto, ágil e habilidoso. E precisava das ferramentas certas para provar isso. "Perder no esporte" obviamente não era uma dessas opções. E, a partir daí, experimentei o que seria no futuro o meu primeiro passo ao **caminho interior**: acredite, "o único caminho existente na jornada da evolução".

Engraçado, pois tudo que aprendemos vem de fora da gente e entra na nossa cabeça, e ali se encrava como um marisco no costão; mas autodescobrir-se tem a ver com aquilo que já existia dentro de você, e que cada um só acaba descobrindo quando é desafiado.

Exemplo: "Quando estamos competindo, e justamente quando estamos perdendo, nosso cérebro anda muito mais rápido, como se fosse acabar o tempo mesmo, e quase sempre perdemos o controle desses pensamentos". Mas, por uma questão biológica, nosso corpo e mente se protegem daquilo que não gostamos. Muitas vezes até evitamos esses assuntos na cabeça, porque nos mostram nosso lado fraco.

Posso dizer que nunca tive problema em identificar meus defeitos, porém quando alguém os aponta em mim, esses defeitos dobram de tamanho e causam muitas reações. Entretanto, quando olho para dentro e os percebo, fica muito mais fácil lidar com eles.

Foi justamente nas minhas primeiras derrotas que logo senti isso acontecer. Vinha uma raiva, uma frustração – até inveja lembro que identifiquei nos meus sentimentos; mas percebi que essas sensações apenas acordavam um grande **guerreiro** que morava e ainda mora dentro de minha cabeça e do coração.

"Superação" passou a ser meu café da manhã diário. Eu acordava e pensava: "Onde posso ser melhor?". Acho que por ter sido o baixinho da turma do colégio, e por andar sempre com meu irmão mais velho, Charles, eu tinha aquela sensação que teria que dar o dobro do meu gás para ser reconhecido com mais respeito e admiração.

Eu tinha apenas uns 9 ou 10 anos de idade, e minha cabeça já trabalhava como um veterano. Tudo porque ficava ouvindo aquela voz de dentro da consciência me dizendo tudo na cara, sem filtros ou alívios de expressão. Eu já enxergava meus defeitos com clareza, e não tinha mais problemas com eles. Pois eles viraram metas a serem superadas.

Balneário Camboriú é uma cidade perfeita para a garotada. Uma *bike* na mão e tudo se tornava perto. O primeiro esporte que pratiquei foi o judô. Ali eu me entreguei pela primeira vez na competição. Foi no judô que eu conheci também meu primeiro treinador/guru.

Com o propósito de me "acalmar" um pouco e me trazer mais paciência nos estudos e na convivência em geral, fui colocado pela minha mãe – a pedido de um amigo dela, o Juan – em frente ao mestre de judô Nilson Borba, de Balneário Camboriú. Ele me ensinou sobre a disciplina e, sobretudo, o respeito ao próximo, seja ele seu amigo ou seu oponente.

Afinal, "você não pode julgar quem está à sua frente até que o conheça, de verdade". E o seu oponente é uma figura importantíssima na sua trajetória de evolução, pois ele lhe dá a referência de onde chegar, quais limites a ultrapassar. Por fim, nos mostra aquilo que ainda não somos, mas podemos nos tornar.

Já a disciplina vinha nas repetições incansáveis de movimentos, até que eles se tornassem automáticos, de acordo com a sua estratégia de competição. Assimilar as derrotas deveria tornar-se minha principal meta.

Porém, assim que comecei, não houve derrotas. Foi ali que o mestre Nilson se surpreendeu comigo, não imaginando que eu, de fato, prestaria tanta atenção nos seus ensinamentos de luta, e que isso faria tanta diferença nos tatames. Eu me tornava um bom aluno, sobre qualquer aspecto, pois isso se refletiu na escola e fez a diferença também.

Passei a me relacionar melhor com os amigos e professores. Aliás, os professores eram o principal alvo das minhas revoltas e discussões. Não aceitava certas imposições dos professores à moda antiga. Gostava mais quando um professor abria o assunto em sala e discutia abertamente as possibilidades e limites da nossa educação.

Devido a isso, tornei-me uma pessoa especialmente democrática, o que acabou me colocando como líder de gincana, representante dos alunos na diretoria do colégio, sempre fazendo um papel de linha de frente no que dizia respeito à qualidade da vida dos alunos na escola.

Não sei dizer se isso vinha de minha formação familiar ou apenas da minha personalidade, mas me sentia completamente no direito e no dever de reivindicar aquilo que seria o ideal para o aprendizado. Incrível sentir tanta amplitude de pensamento com tão pouca idade.

A partir daí percebi um respeito por parte dos professores e da diretoria, pois eles logo perceberam um líder da classe, e que esse líder tinha abertura para conversar. Sendo assim, poderiam negociar muito melhor as questões que iriam acabar sendo levadas às reuniões com os pais de alunos.

Era uma bela oportunidade de conquistar tudo em nome dos alunos. Fizemos até a rádio do colégio, que funcionava antes do começo das aulas, no recreio e no fim do período. Não preciso dizer que fiz muitos amigos nesse processo.

"Aproveitar as oportunidades que se apresentam à sua frente é um bom começo na trajetória do sucesso, mas não se entregue somente a essas oportunidades, pois haverá dias em que você terá que ser e criar as suas próprias."

Quando eu vi que essa fórmula servia bem no judô, eu logo comecei outros esportes, como o futebol e o basquete. Passei também por outros treinadores muito bons. Aprendi mais sobre derrotas, pois entrando no mundo coletivo, logo me deparei com meu próximo desafio: "**Conviver**"! Uma arte de verdade! Aquela que não acaba nunca. Até hoje aprendo sobre conviver com pessoas e situações.

E assim continuei! Fui entrando no mundo de conquistas, desafiando padrões de conduta e dando o pulo do golfinho: aquele que depois de saltar e dar uma pirueta, recebendo um peixe de recompensa, se frustra quando numa das piruetas não recebe o peixe; e imediatamente salta dando cinco piruetas, conquistando até aquele que o adestrava.

Eu jogava, corria, saltava, lutava, e assim pude me desafiar e gastar toda a energia que muitas vezes me sufocava. Foi nesse período que meus pais se separaram, após uma atitude minha no meio da noite, interrompendo uma discussão deles, e indicando que seria melhor estar longe e feliz do que perto e triste.

Era muito simples para mim. Mas muito frustrante passar aquilo aos meus pais. Entretanto, tinha que ser feito. "Saber aceitar o fato de ter que fazer algo contra a vontade é uma excelente ferramenta para enfrentar problemas no caminho, afinal, você não sente tanta angústia e analisa com mais amplitude seus problemas e suas soluções."

Não foi fácil encarar meu pai e pedir para ele sair de casa. Não foi fácil encarar minha mãe depois disso. Lembro que até escrevi uma carta para ela sobre tudo aquilo. Acho, inclusive, que minha mãe preserva esse documento até hoje – pois me falou, ao longo da vida, que foi uma das cartas mais difíceis de ler, de todas que já havia recebido; e que a guardaria para não esquecer do aprendizado que aquela situação lhe trouxe.

Descobri, também, que abrir mão de certas coisas seria necessário para a minha evolução. Seria preciso muito sacrifício para chegar aonde queria. Mas pera aí!? Aonde exatamente eu gostaria de **chegar**? Qual seria meu **objetivo**? Obviamente seria prematuro saber disso tudo aos 12 anos de idade. Incrível, considerando o tamanho do mundo de um garoto de apenas 12 anos. Mas assim **aconteceu**!

Foi quando num desses momentos inexplicáveis da natureza do homem, eu consegui, junto com meu irmão Charles, convencer meu pai a nos dar de Natal uma prancha de surf. Encontrei finalmente o hábitat perfeito para nunca mais parar de aprender e me tornar um homem forte de cabeça, corpo e – por que não dizer, já desde aquela idade – também de alma!

Eu já vinha surfando há dois anos com uma prancha de isopor, que conseguira com a troca de um pneu de bicicleta, e surfar já era minha brincadeira predileta daquela época. Mas quando aquela primeira prancha K&K chegou em casa, não dormi por quase uma semana, olhando para a prancha que também dormia na cama comigo.

Nesse momento minha vida mudaria ainda mais. Eu me tornaria ainda mais individual, e começava a ter conversas comigo mesmo, como se fosse com a própria consciência, perguntando e respondendo, e chegando a excelentes conclusões.

Tudo era muito rápido, mas minha cabeça era ainda mais. Eu conseguia prever o aprendizado e sempre chegar antes. Minha mãe começou a dizer: "Quer surfar? Tem que vir com as notas azuis no colégio!". Pera aí! Ela só pediu uma coisa. Nem duas, nem três. Ficou muito fácil. Lembra aquele garoto que foi mandado para casa porque não deixava os outros alunos estudarem, pois não parava de perguntar?

Então... Posso dizer que estudar ao meu lado se tornou meio insuportável, pois minha sede de aprender e saber tudo em aula – sem precisar estudar em casa – seria a saída para o surf e todos os outros esportes que eu praticava.

Não demorou muito para aquela prancha K&K se tornar minha melhor amiga. Venci algumas etapas surfando e competindo com ela. Foi quando, após uma temporada de campeonatos mostrando resultado, consegui meus primeiros apoiadores no surf.

Primeiro foi o Saulo Lyra, de Balneário Camboriú. Ele tinha uma lojinha de surf chamada *Parcel Surfer Magazine*, e me apoiava com uma parafina, uma cordinha e inscrições nos campeonatos de surf.

O segundo apoiador foi o Paulo Pequeno, da *Marbella Surfboards*. O acordo com ele era: "Eu dava o dinheiro do material da prancha, e o resto ele fazia de graça para mim". Achei o máximo, e não foi difícil conseguir a grana com meus pais. Como o meu pai vivia longe de casa, ele encontrou, por meio desses apoios, uma maneira de se manter próximo da gente, de alguma forma.

A prancha Marbella foi incrível, inclusive me propiciando melhores condições para evoluir no surf. Com ela, vieram vários outros títulos. Se não me engano, venci todas as etapas que competi durante aquele período de pranchas Marbella, no ano de 1984. Cresceu ali um orgulho de representar minha bandeira local, pois Balneário Camboriú me ofereceu todas as condições que eu precisava para começar uma carreira esportiva.

Ondas por todos os cantos e a liberdade de ir e vir sozinho, na minha bicicleta, que naquela época não tinha nem freio nem cadeado. Eu tive liberdade, sim, mas não confundi isto com libertinagem, ou seja, aproveitar-se da liberdade para passar dos limites da educação e da sociedade local e sua filosofia.

Eu não queria causar mal nenhum – apenas queria seguir meu sonho, ou aquele sonho que meus amigos começavam a colocar na minha cabeça.

Foi quando num belo dia conheci, num campeonato de surf da época, o meu próximo treinador. Mas desta vez não seria qualquer um. Este seguiria comigo por muito tempo – por que não dizer, até hoje: Avelino Arantes Bastos, **"O Barão"**!

CAPÍTULO 2

O começo do treinamento com Avelino Bastos, "O Barão"

Avelino Bastos, o "Barão", é um cara interessante. Ele, em si, já seria motivo para um livro bem instigante, pois suas ideias e concepções beiram a dimensão de uma profecia. Avelino havia dado a volta ao mundo literalmente, trabalhando em várias fábricas de pranchas bem tradicionais, dos principais países que figuravam no centro do surf do planeta naquela época.

Durante suas andanças, chegou à conclusão de que "um surfista brasileiro poderia figurar entre os melhores do mundo", que naquela época era dominado pelos americanos e australianos – só que, para tal, deveria ser criado desde cedo, aprendendo a se tornar um verdadeiro gringo aos olhos dos próprios gringos!

"Nós éramos muito diferentes deles nos aspectos sociais e culturais. Falávamos alto, cantávamos, comemorávamos tudo com muita paixão, como se tivéssemos muito mais motivos para estar ali do que os grandes *tops* do Circuito Mundial." E eis que Avelino viu em mim a maneira de chegar lá, fazendo tudo certo desde a base.

A ideia era a de que eu fosse para os *States* aprender inglês e participar nos circuitos californianos de surf, para que os gringos já me conhecessem antes de eu entrar no Circuito da ASP (*Association of Surfing Professionals*).

Vale realçar que foi Avelino quem viu este potencial, não eu. Acreditei em tudo que ouvia dele, sim. Sabia que ele poderia estar falando a verdade. E embarquei com tudo naquela jornada.

As ideias dele combinavam muito com as minhas – como se não bastasse apenas vencer, era preciso haver uma fundamentação bem clara para tudo. Treinávamos entrevistas como se fôssemos um "alter ego" conversando com nossas próprias ideias e conclusões, como se fosse preciso provar algo para alguém.

Eu ouvia do Avelino os "nãos" que deveria estar ouvindo dentro de casa – não como uma forma de impedimentos, mas com uma certa descrença proposital para que eu nunca chegasse na minha zona de conforto, pois ele sabia que em um futuro próximo eu estaria de frente com situações que nem ele mesmo poderia prever e explicar. Bem no estilo Mister Miyagi, do filme *Karatê Kid*.

Era preciso crescer de dentro para fora. Primeiro como pessoa, depois como profissional. Não bastava atuar bem, eu teria que ser bom em qualquer aspecto. Como ele mesmo ensinava, "eu não poderia deixar margens para dúvida": caso contrário, em um desempate, o resultado sempre iria para os gringos que eram favoritos, e eu não poderia reclamar.

Naquele momento, eu só conseguiria descrever Avelino como "indigesto"! Era assim que eu o via. Digerir as palavras e ensinamentos dele era muito difícil. Sabe quando um cara gosta de dizer aquilo que odiamos ouvir?! Assim ele era, um cara que adorava dizer que eu não era tão bom quanto pensava que era.

Avelino sabia, no fundo, que eu era ainda melhor do que pensava; mas isso não poderia me contaminar a ponto de colocar tudo a perder, tipo "subir para a cabeça". Isto jamais poderia acontecer; por isso ele pegava tanto no meu pé.

Hoje eu entendo o verdadeiro valor nisso tudo, e ele por fim estava certo o tempo todo. Confesso, porém, que naquela época era difícil de seguir. Exigia muito da minha paciência, que não era um dos meus melhores traços.

Foi a partir daí que aquela conversa comigo mesmo começava a ficar bem mais comum. E aquele ambiente que se tornava solitário, imerso em treinamentos e filosofias individuais, agora mais parecia um porto seguro, como se eu estivesse encontrando meu melhor amigo, minha própria consciência!

A sensibilidade começava a brotar dentro de mim e comecei a perceber as pessoas com mais clareza. Usava isto ao meu favor, antecipando-me quanto a discussões dentro de casa e, logo depois, também nos campeonatos e entre amigos. Tornava-se fácil prever as pessoas, pois elas não conseguem esconder seus sentimentos e frustrações, bem como suas ansiedades e desejos. Deste modo, é possível prever seus próximos passos.

Avelino e eu estudávamos os adversários literalmente. Ainda como surfista amador, eu já estudava o Kelly Slater, pois segundo o Avelino, ele seria o surfista do futuro – era completo, treinava muito, tinha acompanhador o tempo todo, e se jogava para as situações mais difíceis, pois só ali ele se sentia verdadeiramente desafiado. Isso era motivo de estudo, pois o Barão sempre dizia:

"Esse garoto está à frente do seu tempo. Temos que acompanhá-lo de perto".

Naquela época, nosso cenário do surf catarinense evoluía a cada campeonato. Parecia uma explosão! O surf se tornava a nova febre na sociedade, quebrando vários tabus sobre comportamento e atitude. Afinal, era inevitável ficar impressionado com os surfistas se arriscando daquela forma nas ondas que ninguém, nem mesmo os salva-vidas, se arriscavam.

Nosso ritual era muito legal. Acordar cedo, preparar aquela vitamina de banana, mamão, maçã, ovo de codorna com casca, abacate, aveia, chocolate em pó e mel. Lembro que o Barão sempre me dizia: "Não chega perto do liquidificador porque um monstro pode sair de dentro e te puxar para o rolo" (risos).

Não sei bem o porquê, mas coisas como estas ficaram em minha memória. Faziam parte do nosso ritual de competição. Falar pouco antes de competir, e não falar nada dentro da água: "Palavras esvaziam nossa energia". Ouvia isso o tempo todo do Avelino, ao ponto de odiar essa *vibe* por um tempo – mas sabendo que tinha que passar por aquilo, e que o Barão tinha razão, como sempre.

Também lembro de frases como: "Não sorria demais hoje, você pode vir a chorar amanhã". Agora eu entendo o verdadeiro significado desta afirmação: pois, afinal, somos uma máquina produtora de energia, mas cada um de nós produz uma quantidade específica dessa energia, e descarregá-la sem propósito é puro desperdício.

Foi uma coleção de troféus entrando em casa a cada fim de semana, e de repente eu via minha mãe nos levando aos campeonatos – mais por uma provocação ao meu pai, que não acreditava muito naquilo tudo.

Com sua Volkswagen Brasília – que depois foi denominada de "Poderosa", pois levava para casa os campeões de todas as etapas –, Dona Nina se tornou famosa no meio do surf daquela época. Afinal, ela tinha em casa, e no banco de trás do carro, uma trinca de campeões.

Ali eu já experimentava a rivalidade dentro de casa. Eu na categoria Mirim, o Charles na categoria Júnior, e sempre tinha um amigo acompanhando. Quer saber algo curioso? Sempre que um amigo vinha na barca, ele se dava bem nos campeonatos. E, assim, ficou bem grande a fila de amigos para pegar carona com a gente a cada determinada etapa.

Alguns anos e uma dezena de campeonatos na sacola depois, já começávamos a criar o plano de futuro, aquela "visão a longo prazo". Navegadores chamam de "o Norte".

Avelino estava convicto de que eu deveria aprender o idioma inglês e, sobretudo, o comportamento dos gringos da época. Ele já havia mencionado o fato de eu ter que passar um ano estudando inglês. Hehehe! Na época eu pensava que iria entrar na aula de inglês dos cursinhos da cidade. Ele se referia a estudar um ano inteiro nos Estados Unidos!

Nesse momento minha vida começou a mudar muito, e minha cabeça mais ainda. Os horizontes se abriam, e eu começava a enxergar distâncias que eu nem sabia que existiam. Um mundo completamente novo e cheio de desafios.

Você vai ler muitas vezes a palavra "desafio" neste livro (risos), pois tudo que aparecia na minha frente se tornava um desafio. Coisa de gente obcecada mesmo. Afinal, eu começava a escolher sempre aquilo que ninguém havia feito antes, e sentia prazer nisso. Adorava me destacar exatamente por esse motivo. Acho que encontrei em mim uma coragem que não sabia que existia.

Aliás, a cidade de Balneário Camboriú e os esportes que eu praticava me tornaram uma pessoa muito mais profunda e madura, apesar de tão pouca idade. E nessa época maravilhosa da vida, que eu achava que jamais terminaria, foi quando vi que os desafios estavam só começando. Novos horizontes esperavam por mim dali em diante.

CAPÍTULO 3

A ida para os Estados Unidos e o preparo para a profissionalização

Foi quando surgiu, em 1986, um campeonato idealizado pelo amigo de longa data e um dos meus gurus na época, Flávio Boabaid: o "Intercâmbio Brasil x USA", entre alunos da equipe de surf da escola *Edison High School*, de Huntington Beach, Califórnia (EUA), com atletas de Santa Catarina em idade escolar.

Em tal evento, Avelino conheceu John Rothrock, que era o chefe da equipe norte-americana. No ano seguinte, no começo de 1987, o Avelino lembrou de John e entrou contato com ele. Nessa época eu recém tinha ido morar na Califórnia, em San Diego, onde trabalhava no Taco Bell e numa pizzaria do *Sports Arena*, a famosa *Hollywood Pizza*. Nos fins de semana, viajava para competir e surfar em outros picos.

O objetivo do Avelino era tentar que uma das famílias dos garotos que haviam estado no Brasil, participando do Intercâmbio, pudesse me hospedar durante o resto da temporada que eu ficaria nos Estados Unidos, inclusive para estudar em uma escola de lá. A ideia funcionou perfeitamente: o pai do atleta Derek Jenkins concordou em me receber na residência de sua família!

Quando veio a notícia de que eu iria para Huntington Beach, morar na casa do Derek, foi uma mistura de euforia e medo ao mesmo tempo – afinal, acabaria ali minha zona de conforto. Eu conhecia muito pouco de inglês, e teria que me esforçar muito para acompanhar o ensino médio de lá, denominado *High School*.

Entretanto, Derek foi realmente um superirmão, que supriu bem a falta do meu irmão Charles, e me colocou imediatamente no ritmo e estilo de vida dos californianos. Levava-me para surfar e conhecer novos picos de surf; assistir aos jogos de futebol americano (*football*); ir nas festinhas locais e conhecer gatinhas, que na época vinham bem lá atrás na fila de minhas prioridades. Eu me sentia um verdadeiro americano, vivendo a vida deles.

Aos poucos, fui enxergando as similaridades de viver na Califórnia, em relação a Balneário Camboriú (BC), pois apesar de a cidade ser bem maior, eu podia fazer tudo apenas com minha *bike*, somado à liberdade de ir e vir quando bem entendesse. Parece até que minha mãe americana, a Ms. Jenkins, tinha recebido um relatório da minha mãe do Brasil e fazia tudo perfeitamente como o Avelino havia planejado e como era a minha vida em BC.

Dentro da água, venci todos os campeonatos que competi a partir da data que cheguei no Derek. Lá, eu conheci o Rob

Machado, que vencia todas na categoria Júnior, e eu me perguntava: "Esse cara tinha que competir comigo, nós temos a mesma idade".

O Barão, porém, não me deixava competir na categoria Júnior. Ele acreditava que eu teria que me testar ao máximo antes de me tornar profissional. Por isso, deveria competir na categoria *Open* (categoria aberta a todas as idades), com aqueles surfistas que provavelmente seriam meus adversários quando me tornasse profissional – o que viria efetivamente a acontecer bem antes do que eu imaginava.

Nossa visão era de longo prazo. E nossos objetivos eram inéditos. Jamais um brasileiro tinha se aventurado dessa forma com o propósito de conquistar o mundo. E lidar com isso, entre brasileiros, até dava para tirar de letra; o difícil era convencer os americanos de que aquilo daria certo no final.

Eles não conheciam um brasileiro como eu. Tudo que eles conheciam de brasileiros era o que ouviam na mídia e das pessoas que um dia nos visitaram aqui. Os californianos me olhavam bem como um alienígena.

Alguns na escola perguntavam sobre meu país e se era verdade que aqui os animais caminhavam pela rua livremente, "como elefantes e macacos". Muitas vezes eu dizia que sim, afinal aquilo acabava com as provocações. E eu sempre pensava: "Coitado, ele nem sabe o que eu estou planejando".

Eu não me ofendia com aquelas provocações, aquilo só servia de "gasolina". Como se a verdadeira resposta tivesse que vir dentro das baterias de competição. (Risos!) **Coitados! Ganhei de todos eles!**

Me transformei numa máquina de competir e surfar. Meus amigos não acompanhavam o ritmo, e isso logo começou a me frustrar e me tornar solitário novamente. Lá vinha minha consciência conversar comigo. Aquele amigo que me escutava o tempo todo e me dava todas as respostas imediatamente, mesmo aquelas que eu não gostava de saber.

"Não há como mentir para si mesmo! Excelente cenário para alcançar a **humildade**." Seja sincero e honesto com seus sentimentos e pensamentos. Não duvide da sua consciência. Ela é a única que entende 100% os seus pensamentos, além de Deus, é claro. "Humildade é saber quem você é e representa no Universo à sua volta, considerando virtudes e defeitos."

Por essa razão, a mesma confiança que temos ao pensar em nossas virtudes, devemos ter em relação aos nossos defeitos. Ambos fazem parte do nosso todo. E se tratarmos nossos defeitos com vergonha ou constrangimento, estaremos agindo com preconceito conosco – como se gostássemos apenas de um dos filhos que temos, pois ele seria o único que combina consigo; e tratássemos os outros filhos com discriminação e preconceito.

Nossos defeitos são a essência daquilo que podemos ser. Pois somente ali temos espaço para melhorar, evoluir e crescer. Isso começou a ficar muito claro na minha cabeça. Eu era diferente de todos lá na Califórnia, mas não só aceitei isso, como inclusive passei a usar o fato ao meu favor, para vencer baterias. Já que eu era tão estranho aos olhos deles, eles nunca saberiam meu próximo ato.

Num dos meses em que estava lá, eu recebi a visita de alguns dos meus adversários do Brasil, como Zé Paulo, Ricardo Tatuí e Wagner Pupo. Fomos pegar ondas e conhecer alguns picos da Califórnia. Eles já estavam desfilando com patrocínios nas pranchas, já viajavam pagos por seus patrocinadores; enquanto eu tinha que estudar e fazer bicos como lavar os carros da quadra onde morava para juntar grana para me inscrever nos campeonatos.

Tal condição me deixou meio humilhado, e me fez ligar para o Brasil e começar uma discussão incrível sobre o meu futuro como "Karatê Kid"! Mister Miyagi (o Barão) agiu igualzinho ao do filme. Com muita indiferença, e com a certeza de que o plano estava certo, ele disse numa das nossas discussões: "Mano, não quero fechar um patrocínio para você, **quero fechar o maior patrocínio que esse país já fechou**! Se eu gastar sua imagem agora como amador, isso desvalorizará seu passe quando virar profissional". Avelino tinha razão!

Eu não sabia, e ele não gostava de me pôr a par de tudo que planejava, justamente para não me desconcentrar das minhas tarefas e metas diárias. **Entretanto, havia um plano!**

Era final de 1987, quando eu já me preparava para voltar ao Brasil. Meus anseios e desejos afloravam e me confundiam bastante. Confesso que se não houvesse o Avelino para manter a ordem dos fatores, eu teria me perdido completamente nesses sentimentos e objetivos.

Estava aprendendo a escutar os mais experientes. Era muito jovem mesmo para planejar aquilo tudo sozinho. Terminava ali uma etapa muito específica da minha trajetória. Avelino Bastos, o Barão, mostrava que realmente sabia o que estava acontecendo, e estava sempre à frente do tempo.

Quando projetamos o futuro, temos que ter, sim, uma visão a longo prazo. Devemos projetar nossos objetivos até onde nossos sonhos alcançam. **Mas tome cuidado:** não se prenda demais aos sonhos, eles são apenas uma descrição dos seus desejos. E esses desejos são provavelmente uma descrição da sua personalidade.

Então preste atenção! Se você pensa longe, e grande, é porque você quer ser grande. Pense se isso vem do fundo do coração ou se é apenas uma projeção de alguém de sucesso na sua frente. O foco deve ser o processo de se tornar uma pessoa grande. A cada passo dado, você tem que crescer. E essa trajetória começa na formação da nossa personalidade.

Você deve começar a crescer primeiro por dentro. Ter um coração grande significa saber perdoar as situações e pessoas quando algo acontece. Aprender com os próprios erros, tendo humildade de saber quando o erro é seu. E ainda mais humildade de observar quando o erro é do outro – pois você terá a responsabilidade de informá-lo, com delicadeza, que ele errou, para que isso também não se torne um segundo erro em cima do primeiro.

Não se confunda. O primeiro erro foi o que desencadeou a discussão; o segundo erro seria o de usar isso contra a pessoa que errou, acusando-a, julgando-a, condenando-a. Cristo já dizia: **"Jogue a primeira pedra quem nunca pecou!"**. O que será que ele quis dizer com isso? Acho que ele queria dizer que nós poderemos, muito em breve, mudar para o banco dos réus, e pediremos clemência, assim como o réu anterior!

Percebi que estava julgando as inspirações e crenças do Avelino; estava julgando o bem-estar dos meus adversários, minha própria situação financeira e profissional; e, por fim, a mim mesmo, pois me sentia no direito de já ter aquilo que haviam me prometido antes.

Aprendi ali a paciência! Saber esperar é algo divino! Você está na verdade se aproximando da velocidade da vida e do Universo à sua volta. **Perceba!** Perceba tudo que acontece à sua volta. Use o tempo para isto. Observe sua conduta em cada situação que você se encontra.

Você vai perceber as coisas acontecendo mais devagar. Você vai ver que dá tempo para resolver tudo! A nossa cabeça anda na velocidade que quisermos. **Tanto rápido, quanto devagar!** Use o tempo a seu favor.

Construa uma pessoa melhor dentro de si a cada dia. Não há uma regra básica para isso. Só você sabe dos seus problemas e das suas chances. O que há de se fazer, além de dar o seu melhor o tempo inteiro? Os resultados serão consequências automáticas da sua conduta.

Sabendo disso, logo percebi as coisas mudarem para mim. Parecia um passe de mágica!

Quando cheguei dos *States*, havia na mesa duas propostas firmes e positivas de patrocinadores grandes para o nosso projeto: competir no Circuito Mundial da ASP contra ídolos como Tom Carroll e Tom Curren, bem como Mark Occhilupo e Martin Potter.

Como se não bastasse pensar em *Pipeline* e *Sunset Beach*, no Havaí, e nas suas ondas poderosíssimas, eu ainda teria que pensar em vencer meus ídolos. Isso sim é desafio, pois lhe invade da cabeça aos pés. Quando achei que essa etapa da vida tinha acabado, percebi que estava apenas começando...

Uma pausa para ler a letra de uma música de Paulinho Freitas, em que tive uma participação. A música foi composta em 2019, mas diz muito sobre este momento em que finalizo o livro, em 2020:

"Quantas coisas julgo injustas pelo caminho feito
O meu julgar não muda em nada seu final desfecho
Que é apenas o início, disfarçado de final
Quantas cenas nesta vida eu me agarrei
Acúmulos, velhos padrões, medo da escassez.
Amortecendo a consciência, como só eu sei
Como só eu sei, quando finalmente encontro minha jornada
Ali percebo estar só no início desta estrada.
Neste caminho que não tem fim...
Tem certas coisas que só sinto quando estou em frente ao espelho, me enxergando de verdade por dentro dos poros da minha pele, que me cobre diante de tantas provocações.
E só eu sei o que é bom para mim.
Minha vida, minha verdade, meus defeitos.
Eu me amo diante do que Deus me fez, e sou apenas uma luz que quer brilhar, mesmo que sozinha na escuridão.
Solitária, diante de tanta gente, tanto mal e tanto bem.
Como só eu sei!"

Eu estava apenas iniciando a me conhecer de verdade. Ali comecei a perceber meu verdadeiro potencial, ao final de uma das etapas da minha carreira – que era ir morar nos Estados Unidos, aprender inglês, e me tornar mais gringo do que brasileiro, pois isso ajudaria a conquistar o tão sonhado título mundial. Me vi mudando bastante!

Comecei a experimentar uma sensação de tranquilidade incrível. Sabia que estava em boas mãos, e que tinha potencial para de fato acreditar que aquele sonho se tornara um objetivo próximo. Percebi que meu destino estava, verdadeiramente, chegando bem mais perto das minhas mãos. E que eu havia encontrado a fonte do meu aprendizado: **eu mesmo, meus erros e defeitos!**

Meus papos internos começaram a fazer parte do meu dia a dia. Me lembro lá na Califórnia, andando de bicicleta, indo ou vindo da escola ou de algum trampo, mentalizando as cenas de um futuro próximo: entrando na água contra os ídolos, mostrando meu surf, minha personalidade; testando todo aquele aprendizado, antecipando as situações de competição contra fulano ou ciclano.

Eu praticamente simulava baterias, o tempo todo, com aqueles caras que eu, até então, só via nas revistas de surf da época. Era o final de um ciclo e o início de outro que viria em breve. **Acho que ali comecei a me transformar num adulto!**

CAPÍTULO 4

Os primeiros campeonatos internacionais amadores

Enquanto preparava minha volta ao Brasil, juntando todos os sentimentos de saudades, amor, insegurança, incertezas e muito surf no pé, rolava já no Brasil uma batalha entre as empresas gringas (estrangeiras) e originais – como *Quicksilver*, *Billabong* e *Rip Curl* – e suas cópias pirateadas no Brasil, que levavam o mesmo nome, logo e arte à frente de suas campanhas de marketing.

Há uma maneira bem simples de descrever o começo do surf profissional no Brasil, e isso eu já havia aprendido com o Barão alguns anos antes. Ele dizia: "No início, o mundo do surf não passava de uma turma que curtia aquilo e era bem unida. Quando o esporte virou profissional, aqueles que tinham talento e não tinham dinheiro, viraram surfistas. Aqueles que tinham dinheiro, mas não tinham talento, viraram empresários do surf. E aqueles que não tinham nem talento nem dinheiro viraram os organizadores e presidentes de associação". Acreditem! Ainda há muito disso no Brasil, até hoje.

Mas o Barão ia além disso, dizendo que um dia as empresas teriam que vir ao Brasil, acompanhadas de seus advogados, e trazer essa situação à tona de uma vez por todas. E que ambos os lados deveriam ceder, pois apesar de o direito incondicional de explorar o mercado brasileiro estar do lado dos gringos, eles precisariam dos brasileiros para entender o mercado local.

Dito e feito! Foi exatamente assim que aconteceu. Segundo o Barão, contudo, eu não ficaria bem no meio desse contexto todo, e por isso precisava ter um patrocinador genuinamente brasileiro.

Estávamos no mês de dezembro de 1987, e eu chegava ao Brasil rodeado dos meus melhores amigos da época, festejando minha volta ao ninho a cada dia num lugar diferente. Aquilo, porém, não podia durar muito. Afinal, o velho Barão me cercava bem de perto e me preparava para o Mundial Amador de Porto Rico, em fevereiro de 1988.

Eu já havia corrido o mundial amador de 1986, na Inglaterra, e chegara até as semifinais. Lá eu vi pela primeira vez o mestre Kelly Slater (KS) mostrando suas garras. Mas desta vez seria diferente. Durante as seletivas para reunir o time brasileiro que iria representar nossa bandeira em Porto Rico, Avelino havia negociado com a Federação Brasileira de Surf que eu deveria ter uma vaga reservada, pois na época dessa negociação eu ainda estava nos *States* e não poderia correr as etapas seletivas.

Este fato gerou uma certa revolta no meio do surf, pois o surfista Victor Ribas (Vitinho) ficaria de fora e quem iria no lugar dele seria eu e o campeão da categoria Júnior, que havia sido Fernando Graça, do Rio de Janeiro. Ou seja, Vitinho havia ficado em segundo no ranking, mas esta vaga já era minha.

Muita política rolou nos bastidores desse episódio. Confesso que não achei muito certo, mas naquela época eu mal tinha opinião a dar, estava sendo regrado e controlado pelo Avelino como meu empresário, e não mais somente meu técnico.

Fui ao Mundial Amador e dominei totalmente minha categoria, vencendo duas das três etapas na regra de competição da época, sendo que fiquei em quarto na terceira etapa, e assim liderei o ranking da competição. Entretanto, na semifinal que dividia os oito primeiros do ranking, eu tive minha primeira grande derrota na vida.

O julgamento na época era de cinco juízes, e contava-se a maioria dos resultados dos juízes, ou seja: era feito o somatório individual de cada juiz, e o resultado de cada juiz significava um a zero para o atleta vencedor. Sendo assim, as vitórias seriam sempre de 3x0, 3x1 ou 3x2. Eu perdi por 3x2 e o juiz que deu a vitória mais apertada entre nós dois – favorecendo o australiano Josh Palmateer – era brasileiro!

Num campeonato em que vários juízes de todo o planeta davam vantagem – na cara dura – para os atletas dos seus países, a gente tinha que convencer os juízes neutros nas vitórias. **Aquilo acabou comigo!**

Chorei profusamente por mais de uma hora, após aquela derrota. Ainda tive que assistir ao Fabinho Gouveia vencer a etapa na minha frente, na categoria Open, pois eu estava correndo na **Júnior!**

Me mordi todo, mas não de inveja, e sim de cobrança, pois sabia que aquele lugar podia e deveria ter sido meu. Minha cobrança era interna. Até hoje lembro do Avelino repetindo sem dó: "Deixou margem para dúvida? **Então paga!**".

Como era duro ouvir aquilo tudo do Avelino. Ele não aliviava nunca. Sempre que podia me mostrava meus próprios defeitos e onde exatamente eu deixava espaço para dúvidas. Hoje, após 30 anos ou mais, tenho convicção de que aquilo foi "ouro" na minha vida.

Muito do que sei hoje vem dessas duras lições que recebi do Avelino. Hoje acredito que o melhor conselho é sempre a verdade. Pois é o melhor que você pode fazer por um amigo. Entregar a ele a pura verdade.

Mesmo que doa inicialmente, ao longo da vida a gente começa a dar valor a essas verdades e seus mensageiros. Pensamos naquilo tudo que já rolou na vida para lembrar apenas daqueles momentos em que fomos colocados frente à frente com nossa própria reflexão.

Aquele momento me ensinou a refletir sobre vitórias e derrotas, pois diante da maior derrota na minha vida até então, eu sentia uma força incrível de reverter aquela situação e ter outra chance para poder não errar mais.

Quando me lembro desse evento hoje em dia, as memórias que surgem são de estar chorando na areia, assistindo ao Fabinho e torcendo por ele; daquela onda que não terminei direito; da escolha das ondas que peguei; das decisões que fiz durante a competição.

Não lembro de quase nenhuma bateria que venci. Muito louco isto. Meu ego fica puto comigo por causa disto (risos!). Mas não consigo lembrar. Nossas derrotas nos machucam, assim como a verdade que ouvimos dos verdadeiros amigos – mas crescemos a partir dessas situações e desses aprendizados.

Eu voltei ao Brasil com um sentimento de derrota incrível, mas mal sabendo que meus adversários não se importavam com quem vencia, mas com quem mostrava que estava um ponto na frente – e isso eles viram em mim, no Fabinho e em alguns outros, pois aquele time foi o melhor de todos os tempos naquele campeonato. E a equipe brasileira se tornou campeã do mundo no então Mundial Amador.

As duas propostas que estavam na mesa quando finalmente voltei ao trabalho e treinamento eram da empresa Hering, que só poderia começar a partir de dezembro de 1988, pois teriam que colocar aquele custo no ano fiscal seguinte; e a outra era da empresa *Hang Loose*, que poderia começar a qualquer momento, mas com uma expressa condição: "Eu teria que viajar com o Fábio Gouveia".

Fábio já havia recebido a proposta da *Hang Loose*, mas disse que não iria sozinho para o Circuito Mundial, pois não falava inglês e não teria chance de se concentrar 100% nas competições.

No meu ponto de vista, aquilo soou de uma forma meio esquisita. Afinal, eu agora teria que desempenhar três trabalhos: 1) vencer, vencer e vencer; 2) combater o preconceito no Brasil, sendo exemplar na conduta com a profissão de surfista; e 3) traduzir tudo para o Fabinho – digo tudo mesmo, desde entrevistas até pedidos de restaurantes e supermercados (risos!).

Mas calma. Não pense que sou tão egocêntrico assim a ponto de negar a tarefa, pois o outro lado de mim guardava estratégias bem mais exemplares como pessoa. Eu tinha ali, com Fábio, uma perfeita companhia, que dividiria – e dividiu mesmo – tudo comigo. Eu poderia falar de coisas da vida e da profissão em si, assim como de estratégias de competição, de outros atletas etc.

Formamos o que no futuro viria a se chamar de dupla dinâmica! Teco e Fabinho, Fabinho e Teco. A ordem dos fatores realmente não altera o produto. Precisamos sempre pensar positivamente sobre as situações que enfrentamos. Num momento como esse, a inveja poderia ter me invadido completamente, tornando-me um cara rancoroso, reclamando da vida e de todos, e terminando como uma "vítima de mim mesmo".

Eu escolhi algo bem melhor. Escolhi que aquilo seria minha "gasolina". Dali para a frente eu pensaria nesse momento em cada bateria que corresse nos campeonatos, para lembrar que havia uma chance a mais: **que eu poderia dar algo a mais de mim, que eu poderia chegar mais perto dos meus 100%.**

Afinal, eu teria uma referência de sucesso ou fracasso bem na minha frente. Pois o "cabra-macho paraibano" era bom mesmo. Um gênio do surf. E um *yogi* de verdade. Pois ele sempre tinha uma resposta engraçada e debochada a cada derrota. E a cada vitória, ele desconversava.

Parece que o Fabinho sabia que escutar elogios era um veneno, e já tentava se esquivar da conversa. E quando ele não tinha saída, ele apenas respondia: "**Oxente, tá doido é?**". Se fazia de desentendido, mas ali morava um cara muito esperto e disciplinado. Fabinho me mostrou muito sobre como agir com as vitórias e derrotas.

Eu utilizava a parceria com Fábio de forma bem pragmática, calculando a partir dele a minha a referência de resultado. Ou seja: se perceberem no meu histórico de competição, meus bons resultados sempre vinham logo após aos do Fabinho, pois parecia "gasolina" o fato de eu assistir e torcer por ele. Sabia que no campeonato seguinte seria a minha vez. Comecei a acreditar tanto nisso que parecia "papo com o destino".

Ali eu aprendi uma regra muito boa de conduta sobre a derrota e a vitória: "Na vitória, a gente se embriaga de ego e álcool. Na derrota, a gente se questiona inevitavelmente sobre o que aconteceu e sobre os nossos defeitos".

Não percebemos, inclusive, a limpeza que fazemos quando somos derrotados. No nosso subconsciente nos cobramos, enxergamos nossos erros, nos revoltamos com o ocorrido, passamos a aceitar ou esquecer os fatos de propósito, para finalmente passarmos adiante. Isto leva um certo tempo natural. Porém, quando tomamos consciência disso, nas próximas derrotas esse processo acontece bem mais rápido e absorvemos melhor os ensinamentos e as conclusões.

Ora, pera aí, como é que ninguém faz isso então? Se é bem simples, já deveríamos saber executar naturalmente através dos anos de evolução da espécie. Bom, quando se trata de ego, a coisa não é tão simples como parece. Pois o ego se esconde atrás dos nossos sentimentos mais profundos, nos rendendo em pensamentos racionais negativos, para sempre precisarmos da oração a Deus ou a qualquer fonte de redenção que escolhermos.

Vamos deixar de lado nossas tendências religiosas, pois isso é questão particular, subjetiva, e deve continuar assim. Mas pense comigo: os ensinamentos que aprendemos aqui são muito importantes. Na derrota, sentimos, sem querer, os erros que cometemos.

O que faremos com isso? É mais fácil desconversar o assunto e passar adiante. **Porém, há uma joia bem aqui!** Se eu enfrentar meu ego, e assumir meus erros, eu posso identificá-los e consertá-los com precisão. E a única pessoa a quem eu deveria ter vergonha por mostrar meu lado fraco seria eu mesmo.

Acredite, essa conversa acontece e a gente nem percebe. **Sensibilidade!** Isto é se tornar uma pessoa melhor, afinal você se torna mais completo e passa a dominar esses sentimentos de frustração, tornando o aprendizado mais tranquilo e gostoso. É como se você estivesse numa bolha e tudo que você pensa ecoa direto de volta aos seus ouvidos. Alguns chamam de foco, eu gosto da palavra inglesa *awareness*.

A partir dali, devorava tudo que via pela frente, sabendo que ninguém seria capaz de prever o que eu estava pensando ou arquitetando no momento. Meu dia se tornava um treino intenso e contínuo, sem fim.

Perdi e venci muito durante os 15 anos de minha trajetória no surf. Passei por histórias incríveis de superação, fazendo estatísticas de vitórias e derrotas com cada atleta que aparecia na minha frente. Mas também passei por combates bem mais profundos.

CAPÍTULO 5

Gabriela e nossas duas filhas: uma história de amor e família

Durante a adolescência, conheci a Gabriela Machado numa das viagens que fiz para Floripa, buscando surfar ondas melhores. Na verdade, conheci toda a turma dela. Deixe-me explicar. Quando ia à Floripa, sempre ficava hospedado na residência dos meus amigos Décio e Mauro Couto. A família deles praticamente me adotou várias vezes em sua casa.

Em um dia de surf na Joaquina, enquanto descíamos à praia pela terceira vez para surfar, fiquei chocado quando vi subindo uma turma de garotas – as mais lindas que já tinha visto pessoalmente na vida.

Momento que não esqueço até hoje. Não dava para saber qual delas olhar primeiro. Bom, uma coisa eu sabia, tinha uma tal de Gabriela que era insuportável. Muito arisca e cheia de respostinhas para tudo que falávamos. Naquele momento, eu ao menos sabia com quem eu não gostaria de sair (risos). **Oh, destino!**

Alguns anos mais tarde, após estar namorando com uma delas e descobrir que havia sido traído por um dos meus maiores rivais da época, Ricardo Tatuí, aprendi uma das minhas maiores lições: quando soube, imediatamente terminei meu namoro; não demorou nem cinco minutos para tomar aquela decisão.

Faltava alguém, entretanto, a quem eu precisava dar o troco. Sim, ele mesmo, o Tatuí. Eu pensava: se enfiar a porrada nele – e acredite, faria isso facilmente, após tantos anos de treino de defesa pessoal e judô –, ainda assim não doeria o suficiente.

Então me veio uma certeza! Preciso vencer esse cara todas as vezes que competirmos daqui para a frente. Ele mal sabe o que causou em mim. Talvez eu tivesse que agradecer aos dois por me terem feito aquilo. Afinal, aquela raiva que sentimos quando somos traídos transforma-se imediatamente em "gasolina".

E então, gasolina ou vira fogo, ou impulsiona uma máquina. A segunda opção parecia muito mais promissora. Aquilo tornou-se a referência ideal para os próximos anos que viriam pela frente. E quer saber mais? Eu comecei a falar nesse assunto por causa da Gabriela, correto?

Lembro-me claramente da final do Campeonato OP Pro de 1986, contra o Tatuí, em que a cada onda que eu pegava, avistava todos os meus amigos na beira do mar torcendo por mim. Fui derrotado ali na frente deles todos.

Dois anos depois – quando esse mesmo evento foi realizado no Quebra Mar, no Rio de Janeiro, e eu estava me preparando para ser profissional – a Gabriela, a essa altura já minha amiga confidente, veio me dizer que minha namorada havia saído com o meu principal adversário, o niteroiense Ricardo Tatuí.

Engraçado ter sido a Gabriela que me contou isso, pois além de ser minha amiga, ela também era muito amiga da minha namorada na época. Foi duro para a Gabriela passar por cima da amizade que elas tinham, mas isso fortaleceu a nossa relação como amigos também.

A partir dali, Gabriela veio me orientar sobre como sair daquela situação sem brigas nem rancores, tornando-se minha melhor amiga durante algum tempo. Foi também engraçado ouvir de todos os meus amigos mais próximos – como meus irmãos Charles, Neco e o Peninha, que morava com a gente naquela época, sem falar do Avelino – simplesmente me dizerem na cara: "Essa menina quer algo com você!".

Demorei a entender que eles tinham razão: eu era muito inocente nesse assunto. Na minha cabeça só passavam as brincadeiras do Tatuí me dizendo: "Bolada nas costas... bolada nas costas!". Ele achava que eu não sabia dos fatos. Eu preferia que ficasse assim.

A Gabriela me fez esquecer completamente essa história após um tempo, vindo a ser minha namorada, cúmplice, amiga, *manager* e, ao fim, nos tornarmos marido e mulher, como manda a Igreja!

Ela viajou muito comigo mundo afora. Fomos aos quatro cantos do planeta viver a vida aventurosa de um surfista profissional. Crescemos juntos e tivemos duas filhas no processo: Júlia e Laura. A partir de então, não dava mais para viajar o tempo todo – ficava muito caro e se tornava muito difícil levar todo mundo para cada etapa do circuito.

Desse momento em diante, meu casamento se tornou mais uma parceria com a Gabriela do que de fato uma história de amor. Paguei o preço por isso, por um determinado período, e acho que pago até hoje: pela distância que tive, por tanto tempo, dos meus valores mais profundos como a família e a educação das minhas filhas. Quanto a este particular, me sinto completamente devedor à Gabi, que propiciou personalidade e conduta para Júlia e Laura desafiarem o mundo com liberdade e direção.

Sou grato demais à Gabi e às minhas duas filhas. Afinal, muito precisou brotar delas mesmas. O fato de eu – em muitos momentos – não estar presente, deixou marcas difíceis de curar; mas gerou nelas, também, uma conduta exterior, para com a sociedade, de muito respeito, humildade e direcionamento na vida.

Temos que correr atrás dos nossos objetivos sozinhos, aproveitando a força das pessoas à nossa volta, sim; mas a jornada é solitária. Isto elas puderam ver claramente. Eram noites solitárias e dias de holofotes intensos. Tudo ao mesmo tempo. Como se vivêssemos num *reality show* bem longo! Pois tudo que fazíamos se tornava público. Um belo fardo para carregar, isso sim!

Aprendi ali os valores de uma verdadeira relação. Muito além dos padrões que a sociedade – e por que não dizer, também a minha família original – nos ensinava na época. Filho de pais separados, eu tinha e tenho como meta ser casado para o resto da vida.

A Gabriela ainda me acompanha até hoje. Já são 28 anos morando juntos. Passamos por muitas coisas que um casal pode passar. Fomos desafiados das maneiras mais fortes e confusas. Mas escolhemos um ao outro com nossos próprios defeitos.

Estamos aprendendo a perdoar um ao outro por tudo que somos e fizemos, pois, no final do dia, o que importa é aquele ombro amigo que te acolhe com carinho: carinho de quem ama acima dos fatos; ama acima dos defeitos e desejos, de quem escolheu amar e ser amado!

Oramos a Deus sempre por lucidez, para que possamos passar por tudo que a vida nos prepara. Uma luta sem fim; mas uma recompensa a cada ato, a cada experiência compartilhada.

A vida a dois é o símbolo da convivência e da comunicação. Aquilo que somos e fazemos com o outro reflete exatamente em quem somos para nós mesmos. Nossa personalidade e nosso caráter está aí. **Inevitavelmente!**

CAPÍTULO 6

Ingressando no circuito profissional da ASP na Austrália

Dando um salto na minha história como surfista, agora vivendo literalmente no *Tour*, pude experimentar verdadeiras formas de provação, e passei por muitas lições e aprendizados. Uma delas foi logo quando eu e o Fabinho chegamos na Austrália pela primeira vez, em setembro de 1988, e fomos direto para a casa de uma amiga do Avelino, a Lynn Homes.

Avelino havia se hospedado, anos antes, numa casa anexa à de Lynn, quando esteve trabalhando em fábricas de prancha da região. Ali também se hospedaram outros surfistas da época. Foi quando numa destas ocasiões, alguns surfistas brasileiros que lá estavam receberam uma encomenda vinda do Brasil. Só que a princípio eles não sabiam o que havia dentro dela – aliás, souberam apenas depois, na polícia.

Aconteceu que a carta que chegava do Brasil continha maconha, como um presente de algum amigo do país. A polícia australiana havia interceptado o conteúdo da carta e seguiu até o endereço do destinatário, a casa da Lynn. Ela recebeu uma dúzia de agentes da polícia com armas até os dentes apontadas para ela e a família toda, incluindo também a edícula dos hóspedes.

Então Lynn foi autuada e levada para a delegacia, junto aos presentes, e teve que responder a um processo na justiça. Depois tudo se resolveu, pois eles todos alegaram que não tinham ciência do que se tratava o conteúdo da encomenda e qualquer responsabilidade, portanto, sobre o que ocorrera.

Tudo isso, por causa de um ato tão pequeno, porém tão irresponsável. Os anos se passaram, e lá estávamos eu e o Fabinho chegando na Austrália para as etapas do circuito da ASP. Fomos recebidos no aeroporto com toda a hospitalidade da Lynn.

Foi incrível chegar pela primeira vez num país e ter alguém nos esperando com braços abertos e sorriso no rosto. Mas não se enganem. Logo após entrarmos no carro, antes de seguirmos para a casa, ela expressou aquela frase direta: *"No fucking drugs in my house!"* (Nenhuma droga na minha casa). "Fora isso, vocês são muito bem-vindos à minha casa."

Foi como um balde de gelo. Afinal, pela primeira vez eu tive a verdadeira imagem do meu país fora de casa. Confesso que passei vários dias pensando naquela "chamada" que a Lynn nos deu. Eu e Fabinho éramos os mais imaculados do circuito. Treinávamos muito, não bebíamos álcool, dormíamos cedo, e nos comportávamos discretamente para não chamar demais a atenção. Toques do velho Miyagi (o Barão).

No dia seguinte, fomos levados pela Lynn e sua filha Jodi – que por muitos anos se tornaria uma de minhas melhores amizades fora de casa – até a praia de *Bondi Beach*. Lá eu correria a primeira etapa de surf profissional da minha vida, fora do Brasil. Já na chegada fomos ao hotel, onde deixamos as bagagens e pranchas, e nos dirigimos direto à praia para checar o horário das nossas baterias no dia seguinte.

Naquele momento tomei o segundo choque cultural que enfrentaríamos dali para a frente, e por muitos anos. Na chegada ao local onde se realizava o campeonato, fomos no tabuleiro de baterias logo ao lado da área dos atletas, e ali encontramos três surfistas americanos, bem altos, que se mostravam bem imponentes.

Eram Chris Frohoff, Scott Farnsworth e David Giddings. Este último, ao percorrer com o dedo indicador a lista de baterias, finalmente parou na sua bateria. No mesmo ato, ele fez uma pequena comemoração com os braços e virou para os amigos e disse: "*Wooww, I got a Brazilian in my first round heat. One less round to fight for*" (Opa, peguei um brasileiro na primeira fase. Uma bateria a menos para lutar).

O detalhe é que, ao indicar a sua bateria, Giddings estava com o dedo exatamente no nome do Fabinho, que não entendeu uma palavra do que ele disse. Mas captou que falava de um brasileiro e que seria ele o motivo das risadinhas que rolaram na sequência. Fabinho (cujo apelido é Fia) me puxou e bem baixinho me perguntou: "Oxente fia, foi de mim que ele falou, né? O que foi que ele disse? Diz para mim, mano!".

Respondi que não era nada, e que não merecia ser traduzido. Fabinho na hora mudou o semblante, virou para o cara – que já se afastava e estava de costas para nós – e disse: "Ooohhh xenteeeee! Esse bicho vaza! Tá doido, é?". Não preciso mencionar a humilhação que o americano passou na primeira bateria. Fia simplesmente surfou muito, mas muito mais do que o David Giddings.

No fim da bateria, muitos repórteres vieram entrevistar o Fabinho. E precisava ver a cara do gringo passando ao lado da imprensa e ninguém querendo falar com ele. Fabinho acabou o campeonato em quinto lugar, indo até às quartas de final e marcando história, vencendo vários campeões da época, como Tom Carroll, por exemplo.

Ali eu vi a verdadeira "gasolina" que me motivaria pelos próximos duros – e por vezes humilhantes – anos de *Tour*. Já na etapa seguinte, quando chegamos à praia de Cronulla, no sul de Sydney, fomos direto para o hotel largar as coisas, e lá tivemos outro momento de humilhação.

Nos apresentamos mostrando nossos passaportes do Brasil. No mesmo ato, nem verificando qualquer disposição de quartos, a recepcionista, uma senhora australiana, nos disse que não hospedava brasileiros naquele hotel. Eu perguntei por qual motivo? Ela disse que "os brasileiros quebravam tudo, roubavam as toalhas e saíam sem pagar a conta no final".

Outro choque em duas semanas. Tudo por causa de brasileiros mal-educados, abusados, que não conseguiam seguir as leis e simplesmente levavam a vida como queriam, sem se preocupar com as consequências vindas dos seus atos.

Saímos daquele hotel chocados e fomos ao hotel ao lado. Aliás, só havia aqueles dois hotéis naquela praia, e teríamos que encontrar vagas ali. Desta vez, não mostrei o passaporte logo na entrada. Apenas perguntei se tinha vaga para duas pessoas.

A pessoa da recepção abriu o livro de reservas – pois naquela época, ainda sem computadores, tudo era anotado à mão – e foi verificar a disponibilidade de hospedagem.

Naquele momento não tivemos sorte. Tudo estava realmente ocupado e seria o nosso fim antes mesmo do começo, não fosse a curiosidade e vontade que me fizeram subir no balcão e me apoiar com o peito para ver melhor o livro, na esperança de encontrar algum buraquinho na grade de reservas. Foi quando vi ali, bem grande, escrito numa das colunas do livro que mostrava a lista de quartos, meu nome: "PADARATZ / Quarto 9".

Imediatamente apontei o dedo para o meu sobrenome e, aí sim, tirei meu passaporte e me apresentei. A pessoa imediatamente confirmou a reserva e, lendo no cantinho da anotação daquele quarto, constava uma observação: "*Booked by Paul Sargeant*" (Reservado por Paul Sargeant).

Naquele instante conheci, apenas pelo papel, meu futuro padrinho de casamento, amigo, conselheiro, crítico, fotógrafo particular e grande parceiro na incansável luta contra o preconceito. Paul morava naquela praia e sabia que os hotéis estariam lotados devido à semana do campeonato. Quando viu a lista de inscritos no evento, percebeu imediatamente a presença de dois brasileiros.

Paul Sargeant é jornalista e trabalhava para o jornal *Tracks* e para o *Sydney Herold* (o principal de Sydney), ambos da Austrália. Ali surgiu, também, nossa primeira matéria na mídia australiana. O próprio "Sarge" (seu apelido) já havia percebido nossas personalidades – a minha e a do Fábio – completamente diferentes, mas que se encaixavam perfeitamente uma com a outra no que dizia respeito aos estilos de surf e de competição.

Não importava quem vencia, a notícia saía no Brasil da mesma forma, como se a mesma pessoa tivesse os resultados alternados entre eu e Fabinho Gouveia. Formamos uma verdadeira dupla, que muitos anos depois foi reconhecida como a que quebrou tabus e começou a vencer etapas do circuito e a "configurar" entre os *Top* 16 do Circuito Mundial.

Quanto às impressões ruins que alguns surfistas brasileiros deixaram no exterior, antes de mim e do Fábio, é realmente muito incrível: duas situações completamente opostas, vindas do mesmo país, do mesmo povo. Impressionante como nós escolhemos pensar como pensamos. Não somos necessariamente consequência da nossa criação, mas sim de nossas escolhas.

Nós podemos escolher que papel exercer na vida. Isto cabe a nós. Eu escolhi o papel de limpar aquela imagem equivocada que alguns brasileiros deixaram para trás. Esta seria a minha meta. De repente me veio à memória o Avelino me dizendo: "**Tem que vencer e convencer!**".

Eu tinha apenas 17 anos e meu caráter foi colocado à prova. Agora não bastava conseguir uma vaga no hotel. O legal seria deixar as camas arrumadas na saída (risos): tudo limpinho e um bilhete agradecendo a estadia!

Percebi também quem eu era naquela história toda. Daquele momento em diante eu teria muito mais responsabilidade nos meus atos, pois eles serviriam de referência para alguém no futuro – tal como ocorreu com os brasileiros que lá estiveram antes da gente, mas que deixaram, lamentavelmente, uma má impressão.

De repente, sentia aquele peso da responsabilidade de carregar a bandeira brasileira a cada canto que eu fosse, como se fosse um embaixador, pois estava sempre representando nossa nação. Tipo,

"Teco Padaratz do Brasil", e não só "Teco Padaratz"; assim como, por analogia, o Senna era também chamado pelo Galvão Bueno.

Interessante saber que você passa a ser uma referência do povo do seu país, do seu estado e da sua cidade; e aos olhos dos outros, tudo que vier de você vai ser transferido aos seus conterrâneos, incondicionalmente.

A gente não tem controle sobre a opinião das pessoas, por isso era difícil discernir entre a minha conduta e minha personalidade original: similar à situação de quando o ator se transforma no personagem; como se o Teco Padaratz assumisse a identidade de Flávio Padaratz. Escuto minha mãe dizer até hoje que dá graças a Deus que o Teco foi embora, e que agora ela tem o Flávio de volta, pois hoje não estou mais competindo.

Naquela época, entretanto, meu personagem começava a tomar conta da minha identidade. Acabei me tornando aquela "persona" criada por mim e pelo Avelino. Vivo este personagem até hoje, mas apenas quando estou na rua ou no trabalho. Afinal, não posso negar essa outra identidade que criei e utilizei por tanto tempo.

Importante pontuar que saber abrir mão de certos luxos, a fim de alcançar uma evolução, é um dos grandes segredos do aprimoramento. "Desapego" seria uma palavra-chave para isso, pois quando abrimos mão de algo por alguma coisa ainda maior – ou seja, um sonho – isso não passa mais a ser um sacrifício, e sim uma etapa do processo.

Digamos que seguir o Avelino e suas proposições era bem isso. Eu abria mão de certas curtições e crenças porque sabia que havia uma recompensa muito grande lá na frente, **e eu acreditava nisso**!

Naquela época, aprendi muito sobre como lidar com adversários, sobretudo meu maior adversário, Fábio Gouveia; mas também aprendi a lidar com o preconceito dos gringos em relação a nós, brasileiros.

Sabia que eles tinham razão ao mencionarem os fatos dos brasileiros que lá estiveram antes da gente, mas muita coisa estava mal contada. E me sentia na responsabilidade de passar adiante um outro lado dos brasileiros: um lado mais evoluído e muito mais profissional.

Era o início do que hoje chamamos de *"Brazilian Storm"* (Tempestade Brasileira): Gabriel Medina, Adriano de Souza, Filipe Toledo e toda essa atual geração colheram os frutos das portas que abrimos. Mostramos um lado do Brasil muito respeitável, que hoje domina o Circuito Mundial.

Nos últimos dois anos, brasileiros venceram quase 90% das etapas da Liga Mundial de Surf (WSL). Quando essa geração atual chegou ao Mundial, eles já tinham o respeito dos gringos. Já eram temidos nas competições. E fomos nós – eu e Fábio – que preparamos o terreno lá atrás, quando começamos a vencer os gringos na terra deles, e agimos com dignidade e respeito para com todos.

Nunca mais fomos tratados daquele jeito que o David Giddings tratou o Fabinho naquele momento em que viu sua bateria com ele ("Peguei um brasileiro, me dei bem, uma fase a menos para lutar...").

Hoje, quando um gringo vê que sua bateria é contra um brasileiro, a reação é completamente oposta. Me sinto tão orgulhoso de ter contribuído para isso! Nossa geração deixou o caminho bem pavimentado.

CAPÍTULO 7

A disputa com Kelly Slater na França em 1994

Outro episódio que não sai da minha cabeça ocorreu em 1989, em Lacanau, na França, onde competi, pela primeira vez, contra Kelly Slater. Era uma bateria de triagem, na qual dois surfistas avançam e dois são derrotados, formando baterias de quatro surfistas.

Tive uma bela bateria e venci, com o Kelly em segundo, bem de perto. Passamos os dois para a próxima fase, por isso fui até ele, na chegada ao *beach marshall* ("chefe da praia", que entrega a lycra de competição e lhe passa todas as regras do dia), e entreguei minha mão para cumprimentá-lo e desejar boa sorte na próxima fase.

Ao puxar minha mão, me trazendo para bem perto do rosto dele, a resposta foi clara, curta e mais grossa do que clara e curta: "*It won't happen again!*" (Não vai acontecer novamente). Em seguida, empurrou minha mão, me afastando.

Fiquei muito intrigado, afinal era difícil encontrar alguém mais compenetrado do que eu naquele meio. Na hora, me veio a imagem do meu pai dizendo: "Dou dois anos para esse negócio de surf dar certo, caso contrário é a última chance de estudar às minhas custas!".

Pensei: "Esse cara não me conhece, não conhece meu pai!". Bom, mas já era tarde, pois nas próximas três vezes que competimos juntos, eu tomei três "escovadas" (derrota arrasadora) grandes dele. Acho que senti profundamente aquela ameaça que recebi do Mestre Slater, ainda bem jovem, em Lacanau, na França.

Até que, em 1994, também na França, mas em Hossegor, uma outra praia mais ao sul, finalmente o enfrentei na final. Durante aquela semana eu havia sonhado duas vezes que iria para a final com ele. **Acredita?**

Entretanto, nunca sabia exatamente quem vencia, pois eu sempre acordava do sonho antes da final acabar. Naquela mesma semana, a minha então noiva, Gabriela, também havia sonhado comigo e Kelly na final; só que no sonho dela eu vencia claramente.

Nós nos falamos duas vezes naquela semana, mas nenhum dos dois resolveu contar sobre seu sonho (risos!). Parecia que se contássemos daria tudo errado, por azararmos a profecia. Eis que deu certo, pois na hora de entrar no mar para competir na final, o Kelly veio me desejar sorte, e eu quase falei algo para ele.

Teria dito: "Nem a sorte vai adiantar para você hoje, meu caro". Teria dito que "aquela final seria minha, de uma forma ou de outra; que ele engoliria aquelas palavras de alguns anos antes, e que ele não conhecia com quem estava falando". Mas sabe como é, poderia dar azar!

Quando terminamos a bateria – que foi emocionante até os instantes finais, após virar o resultado pela quinta vez a meu favor –, Kelly pega uma última onda e termina na areia com um gesto que ficou eternizado na minha trajetória: ele se ajoelhou na areia e fez pose de oração para os juízes.

Naquele momento, acho que Kelly se entregou, pois se ele mesmo estava agindo assim, ajoelhado, é porque nem acreditava que tivesse recebido a nota que precisava. O fato é que ele voltou para o fundo e, quando chegou lá, ouvimos que a nota da sua última onda não era a que ele efetivamente precisava.

Grudei nele, como um marisco, pelos 90 segundos que faltavam da bateria. Quando terminou o tempo, eu virei para Kelly, cumprimentei-o, puxei a mão dele, e disse com todas as letras: "*You see? It did happen again!*" (Você vê? Aconteceu de novo).

Nós rimos disso até hoje quando nos encontramos em eventos fora do *Tour*. Uma excelente memória que guardo com muito carinho, afinal, o segundo dos meus objetivos estava sendo cumprido: o de convencer as pessoas que o surf brasileiro merecia respeito!

No fundo, eu esperava tanto por aquele momento que acredito que, quando sonhei, estava mesmo é atraindo aquela situação. Meu subconsciente me dizia que eu estava pronto para encarar Kelly novamente. Só que agora quem daria as cartas seria eu. Me deparei com o maior campeão de todos os tempos, mas sentia que poderia vencê-lo.

Naquele momento, eu tinha convicção do meu potencial. Percebi nele mesmo que havia uma certa dúvida no olhar. Enxerguei claramente uma fraqueza no mestre do surf e da competição. Aí, vem aquela escolha: se ele acreditava que eu poderia vencê-lo, **será que eu acreditaria?**

Eu foquei muito naquele momento. Prestei atenção em tudo à minha volta. A cada tapinha nas costas de cada cidadão do público quando eu passava para entrar na água, percebia a energia entrando e saindo. Eu percebia a voz do narrador a cada onda.

Poderia estar discutindo, na minha cabeça, cada comentário de Kelly na praia; mas minha escolha era outra: decidi que iria entrar na água e fazer absolutamente tudo que estava ao meu alcance. Iria executar tudo aquilo que mentalizei, mesmo por capricho, sem pensar na vitória ou derrota em nenhum momento sequer. Entreguei-me ao meu destino, sem duvidar de nada. Apenas sendo e fazendo o que eu sabia de melhor: me expressar no surf!

Fiz isso em cima de uma prancha, dançando sobre as ondas, na minha própria coreografia. Me tornei parte do próprio destino e me projetei campeão. Mas a todo momento que vinha um pensamento negativo, ou de dúvida, eu ria de mim mesmo. E comentava internamente: "**Olha só como eu posso ser fraco!**".

Procuro sempre lembrar e compartilhar essa história com amigos, pois ajuda a manter viva a lembrança do meu potencial máximo, não apenas de surf, mas de conduta na vida. Quero lembrar dessa história até o último dia de vida. Vai me ajudar a passar pelo resto.

CAPÍTULO 8

Dois inesquecíveis duelos com Martin Potter

Lembro de outra história incrível, que envolvia tanto eu como Fabinho Gouveia. Estávamos no ano de 1989, na França, mais precisamente em Biarritz, durante uma das etapas do então chamado *ASP World Tour*. Era na final, e lá estava meu camarada Fabinho, como um azarão para os gringos.

Para nós, brasileiros, Fabinho era totalmente favorito. Afinal, o mar estava bem pequeno, mexido, e com vento maral (vento do mar para a terra), maré seca, e quebrando a uns 200 metros da praia. Horrível!

Martin Potter (Pottz) – um inglês radicado na África do Sul – era o verdadeiro favorito naquela final, segundo toda a mídia mundial e o público na praia. Mas ele sabia, assim como todos nós surfistas profissionais, que não tinha muitas chances contra o paraibano que surfava aquelas ondinhas desde que começou a surfar ainda na infância, em Baía Formosa, no Rio Grande do Norte.

As pessoas não entendiam o verdadeiro potencial do Fabinho nas ondas pequenas. Julgaram aquela bateria pelos nomes que estavam se enfrentando. Pottz resolveu usar, então, as armas que tinha a seu favor: a malandragem e a experiência. Logo entrou no mar e, ao sinal da sirene, correu e pegou em seguida duas ondas bem "mais ou menos" – só que com uma delas ele até chegou à nota de 6 e alguns pontos.

Fabinho ainda estava escolhendo sua onda quando Pottz veio do raso, à frente no resultado parcial da bateria, e grudou nele. Logo que recuperou a prioridade (*) para pegar a próxima onda, Pottz simplesmente se transformou na sombra do Fia, marcando o paraibano a cada remada que dava para um lado ou para outro, tentando bloquear e impedir o Fabinho de pegar qualquer onda. (*) *Uma regra de competição que estabelece quem tem a prioridade em pegar a próxima onda, não podendo ser atrapalhado pelo adversário; esta prioridade alterna a cada onda surfada pelo competidor.*

Aquela situação estava se tornando constrangedora para a organização, que não demorou muito para perceber a má-fé de Pottz – que estava, porém, dentro da regra. Nada podia ser feito, pois não havia uma regra que impedisse aquela situação. Bom, você acha que o paraibano Fábio Gouveia estava pensando exatamente em que, naquela hora?

Após a bateria, ele mesmo nos contou o que havia acontecido a partir dali. Fia ficou totalmente incomodado não com o fato de que estava sendo marcado, mas pelo "cabra inglês" estar encostando demais no seu ombro para marcá-lo. Aí ouvimos aquela frase novamente (risos): "Ooooxenteee! Esse bicho vaza! Tá doido, é?".

Fabinho resolveu se mexer para sair daquele constrangimento sem tamanho, e numa manobra sem precedentes, começa a remar em círculos, em volta do Pottz, assoviando igual a um "jumento arretado". E, acredite se quiser, isso foi confirmado pelo próprio Pottz.

Fabinho saiu soltando gases em volta do "cabra", que a essa altura não acreditava no que começara a acontecer. De fato, não dava para Pottz ficar ali inalando os odores daquele ser que, para ele, parecia que vinha de outro planeta, e por isso começou a remar para o lado esquerdo da praia devagarinho, se afastando do Fia.

Num piscar de olhos, o brasileiro é visto remando a todo o vapor para o outro lado da praia, como quem foge da cruz, e num passe de mágica ele encontra uma pequena onda para a esquerda, não dando tempo de Pottz chegar para marcar. O Fia surfou tanto que aplicou uma lição que o inglês jamais esqueceria, ainda que Pottz viesse a se tornar campeão do mundo naquele mesmo ano.

Após a onda que pegou, faltavam ainda oito minutos para o fim da bateria e Fabinho, lá no fundo com um certo medo de encarar a fúria do inglês, simplesmente sai da água antes do esperado por todos – inclusive a mídia –, volta para a área dos competidores na areia e vai direto para o chuveiro.

O resultado daquela onda veio quando ele ainda se banhava no chuveiro, e ele mesmo não escutou direito, ou não entendeu direito, mas lá estava: "**9 e cacetada!**". Pottz agora precisava de um 8, ou algo assim. Mas ele não conseguiu se mexer na água, após tomar uma das maiores voltas em bateria da história.

Momentos depois, quando todos estavam no pódio, inclusive o Pottz com o seu troféu na mão – recebido do prefeito da cidade de Biarritz –, Fabinho não o cumprimentou. Estava muito puto e com vergonha de estar ali. Só que quando todos pensavam que tinham visto tudo do Fia naquele dia, ele entregou ainda mais.

Naquela época, estava rolando a *Escolinha do Professor Raimundo* na TV Globo. E, inspirado no personagem "Seu Boneco", Fia coloca uma almofada dentro da lycra que estava por dentro do calção, simulando uma barriga enorme; baixou o calção até o meio da coxa, colocou uma boina vasca na cabeça, e imitando os mesmos passos do Seu Boneco, "foi literalmente com a galeeerrraaa!". Foi sensacional! Rimos por dias inteiros, e rimos disso até hoje quando nos encontramos.

Você deve estar se perguntando por que razão estou contando uma história do Fabinho, no meu livro. Entretanto, agora que já estamos na metade desta incrível história, quero compartilhar o que aprendi daquela situação: não devemos seguir esse "complexo de vira-lata", ao pensarmos que sempre somos inferiores aos outros e só chegaremos à vitória por puro milagre de Deus.

Gente, Fabinho deu uma lição na galera do mundo inteiro. Mostrou que, dentro da água, somos todos iguais e teremos a mesma chance de vencer.

Exatamente um ano após aquele evento, lá estava eu de volta em Biarritz, na primeira fase do campeonato, contra ninguém menos que Pottz e também contra Stuart Bedford-Brown, da Austrália, parceiro de viagens do Pottz naquela época.

Parecia *flashback*, *déjà vu* ou algo assim. Mas após duas ondas surfadas bem rápidas pelo então campeão do mundo, Pottz e seu comparsa vieram me marcar, pois eu estava em terceiro e precisava de 7,90 para virar a bateria em primeiro. Pela regra, em baterias de três surfistas, na primeira fase, o vencedor da bateria passa direto para a terceira fase, e o segundo e terceiro lugar vão para a repescagem.

Nem pensei duas vezes, comecei a dar voltas no Pottz, imitando o "jumento", e só não consegui soltar gases, pois este talento não me pertence (risos). Foi então que Pottz, irritado, começou a sorrir e jogar água em mim, dizendo que eu era um tolo em achar que iria fazer a mesma coisa que meu companheiro de equipe fez um ano antes.

Nesse momento em que ele me falava isso, eu estava mais no raso, olhando para o fundo, e ele de costas para o fundo olhando para mim. Como um passe de mágica, avistei uma onda no canto da vista, por trás do Pottz, e na hora disfarcei.

Fui mexendo meus joelhos para deslocar mais para a esquerda dele. E quando dei o ataque para a onda, Pottz se atrapalhou todo e ficou um metro atrás de mim na corrida pela onda que, agora, parecia ainda mais perigosa para ele.

Dei uma volta pelo alto da onda e comecei a remar nela em direção ao Pottz, que agora estava mais ao raso, e tentou se colocar na minha frente, também remando para a onda. Por um momento nos tocamos, e ali foi cotovelada, pranchada, tapa e xingamentos, até que subi na prancha primeiro, e forcei para cima dele, indo para a esquerda.

Pottz até tentou forçar e, com isso, após eu surfar minha melhor onda naquele dia, enquanto esperava no raso ao fim da onda, a nota finalmente veio com mais uma surpresa: "8,17, e interferência aplicada em cima do Pottz".

Numa interferência, o surfista perde uma das duas notas que compõem seu somatório. Soma apenas uma nota, contra duas do adversário. Praticamente perde a bateria.

Nem pensei, saí da água imediatamente confiando que ele não conseguiria pegar outra onda para virar aquela bateria, nos próximos 10 minutos que ainda faltavam para o final. Quando já estava me secando ao lado do chuveiro, dentro do centro técnico, ele entra na área chutando a porta, jogando sua prancha no chão, chamando a atenção de todos que ali estavam.

Só ouvi aquela bufada dele e nosso diálogo começou:

— (Pottz) Você acha que vai sair dessa assim? Você vai pagar por cada instante daquela bateria, isso não vai ficar assim!

— (Teco) Por que você tem que dar seu showzinho toda vez que perde uma bateria?

— (Pottz) Porque vocês são todos "paneleiros" (*cooks*)!

— (Teco) Parabéns, amigo, você acabou de perder para um paneleiro!

A partir dali, Pottz me "rabeava" (entrava na minha onda atrapalhando minha trajetória) em todos os treinos, e seus amigos também. E eu dava o troco nas baterias, pois venci o campeão do mundo quatro vezes seguidas no mesmo ano.

Até que em Miyazaki, no Japão, numa bateria de oitavas de final – com mar mexido, de um metro, Pottz surfando num lado da área e eu no outro –, ele vira o resultado na última onda e finalmente me vence pela primeira vez no ano, por apenas 0,5 ponto a mais.

Saí da água antes dele, e quando entreguei minha lycra de competição e estava voltando pelo corredor, me deparei com Pottz entrando na área do *beach marshall*. Parei bem na sua frente e Pottz já estava cerrando as mãos, pensando que eu iria brigar ou algo assim.

Então levantei a mão, dei os parabéns e disse, de uma só vez: "Meu irmão, você não me conhece! E não sabe os meus motivos para estar aqui lutando: te garanto que são bem maiores do que os seus. Portanto, não se engane comigo, e surfe a bateria com o seu talento: aliás, esse seu talento pode me vencer em qualquer situação, mas jogue limpo, porque se sujar, nós sabemos muito bem lidar com isso. E ohhh! Vença esse campeonato! E ponha logo essa situação para fora de si!".

Larguei a mão dele bruscamente e, sem virar para trás, fui embora. Ele venceu o campeonato! Uma semana depois, quando já estávamos em Hebara Beach, na região de Chiba, meu grande amigo Sarge (que também era bem amigo da turma do Pottz) resolveu fazer um evento e chamar toda a galera para participar da tosada de cabelo que ele iria fazer, depois de anos cultivando uma cabeleira que já se tornara sua marca.

Quando Sarge estava no meio da turma do Pottz para convidar todos ali presentes, Pottz de repente se levanta e diz: "Sarge, convida o Padaratz, ele é seu amigo e deve estar presente". Todos ficaram espantados com a atitude do Pottz, que era público, não gostava de mim.

Foi então que ele complementou: "Galera, ele veio falar comigo na semana passada, e mostrou muita coragem, caráter e humildade; olhou nos meus olhos diretamente, deixando bem claro quem era e a que veio. Eu respeito isso!". A partir daquele evento do Sarge, eu e Pottz nos tornamos grandes amigos e rimos dessa história até hoje!

Deu para ver que, após alguns anos no *Tour*, eu e Fia havíamos conquistado bem mais do que troféus e títulos. Nós havíamos mudado a maneira como os gringos nos viam. Eles não comemoravam mais quando nos pegavam em baterias. Eles começaram a ficar nossos amigos, dividir barcas e ondas.

Tudo mudava a cada etapa do circuito. O Brasil chegou! E para ficar! Eu sentia isso claramente. Se você voltar algumas páginas neste livro, vai ver que usamos o tempo que tínhamos e mudamos, de fato, a história do surf brasileiro. E irá constatar que aquele duplo objetivo de "**vencer e convencer**" estava se tornando realidade.

Demorou? Depende do ponto de vista. Passaram-se alguns anos, admito. Mas se pensar que ainda estávamos no começo da carreira, veremos que muita coisa já tinha acontecido e o processo de ser bom por completo começava a mostrar resultados. E resultados incríveis!

Quando olhamos para trás a fim de enxergar o caminho percorrido, podemos também projetar a curva de crescimento para o futuro. É bem fácil de perceber. Você pode até identificar onde exatamente há espaço para melhorar essa curva, baseado naquilo que já foi conquistado anteriormente.

Se a atitude de consertar erros e defeitos estava dando resultado, então a teoria também estava sendo comprovada! Isso passa a ser a primeira regra de conduta como cidadão. Acredite, não foi só na profissão que isso me ajudou – melhorou várias relações com as quais eu tinha problemas para enfrentar, inclusive dentro de casa, pois percebi um maior respeito da minha família pelas escolhas que eu havia feito na vida até então.

CAPÍTULO 9

Na busca do 100%: aprendendo com as vitórias e as derrotas

O ano era 1990. O *Tour* começava a soar como minha casa, onde eu já havia feito amizades e parcerias de viagens além do Fabinho. Afinal, aquela situação de "vida de casado" com o Fia não iria muito longe, e eu comecei a viajar com alguns surfistas estrangeiros, a pedido do Avelino – ele acreditava que eu deveria ser visto como "gringo", sempre lembrando do início e dos planos que fizemos lá atrás, quando eu ainda participava da categoria Mirim.

As promessas se tornavam realidades. E Avelino começou a demonstrar que estava certo o tempo todo, com um plano infalível, que tinha sido pensado muitos anos antes. Em 1989, eu já havia feito uma final em Durban, na África do Sul, contra o americano Brad Gerlach.

Perdi para ele, que estava inspirado, surfando muito, aliás voando nas direitas que vinham do píer de Durban para o meio da praia. Ali eu começava a descobrir, contudo, que meu *backside* poderia ser minha arma secreta, pois eu mesmo não sabia que tinha jeito para surfar de costas para a onda.

Lembro quando era pequeno e o Avelino me levava para surfar apenas direitas, para que eu pudesse aprender a dar batidas e, sobretudo rasgadas, sempre me lembrando: "Onde passa o bico, tem que passar a rabeta da prancha". Foi ali, naquela final, que aprendi que dava para fazer isso.

Naquele ano de 1990, eu estava na etapa do Rio de Janeiro, na Barra da Tijuca, e corri um evento quase impecável. Passei todas as baterias com uma certa margem, deixando claro que aquele seria "meu pico" dali em diante.

Identifiquei-me com aquela onda, que era forte e cheia de sessões boas para manobrar. Só não podia ficar muito grande, pois as ondas fechavam muito. Quando cheguei na final, contra o mesmo Brad Gerlach, eu estava muito confiante, acreditando que iria vencer o campeonato, já em frente a uma multidão de pessoas que começavam a se apaixonar pelo surf.

Foi quando na última onda dele, que foi muito boa, ele passou à frente. Aquilo não me abalou, pois eu sabia que teria mais uma onda para resgatar aquela vitória. Então peguei uma que parecia ter muito potencial – eu só teria que fazer no mínimo uma manobra lá no fundo e conectar para a sessão do raso, a fim de completar a onda.

Fiz duas manobras… e quando fui conectar para a sessão do raso ainda pude ver lá no fundo a cara do Brad desesperado, me vendo virar a bateria. De repente, a onda começou a desaparecer embaixo dos meus pés, e eu ainda tentei, sabendo que era leve e poderia passar aquela sessão.

Só que naquele momento aprendi um erro que nunca podemos cometer: "Pensar durante uma onda!". Colocar meus desejos naquela onda foi fatal. Pensar no resultado do campeonato me arrasou. Perdi a concentração e o ritmo dos *pumps* que estava dando na prancha para atingir velocidade. E quando vi estava afundando na parte gorda da onda.

Olhei para trás e vi o Brad, primeiro incrédulo, depois comemorando, porque sabia que, precisando de um 7,17 ou algo assim, eu teria que estender a onda até a areia.

A pouca experiência estava me atrapalhando, e eu vi que teria que aprender muito com eles, os *tops* da época. Daquele momento em diante, comecei a prestar atenção nas principais baterias do campeonato, pois tinha que entender como usar o tempo e a calma daqueles caras. Eles eram referência, e agora eu precisava descobrir uma maneira de ganhar deles.

Foi quando sentei para falar com o Fia, que me dizia: "Oxente macho, não leva tão a sério! Nós já estamos bem além do que imaginávamos até aqui. Usa o tempo e faz os outros pensarem que tu não está nem aí, acredita, eles vão se intimidar!". Sábias palavras!

Exatamente um ano depois, em 1991, no mesmo campeonato na Barra, eu começava a primeira fase pensando naquelas palavras do Fia. Fui passando todas as baterias na última onda: às vezes faltando poucos segundos para acabar. Posso dizer que estava pegando a manha daquilo.

O tempo finalmente estava a meu favor. Parecia uma competição de xadrez. Cada passo e cada manobra eram cuidadosamente planejados. Como se o mundo estivesse em câmera lenta, e você não.

Quando chegamos no último dia de competição, vi que minha bateria das quartas de final seria contra ele, Brad Gerlach. Que sabor que deu na boca naquela hora! Era minha chance. Ao menos foi assim que pensei quando fui para água contra ele.

Não deixei em nenhum momento as baterias anteriores invadirem minha mente. Me coloquei na situação de vitória, sabendo que teria que ser emocionante, pois foi assim que imaginei a bateria.

Fomos passando na frente um do outro em cada onda. Fui gostando daquilo, parecia que a vontade de vencer estava sendo substituída pelo prazer de competir contra um cara tão bom. Pensei: "Se estou aqui é porque faço parte disso tudo, sou mais um personagem nesta história do surf mundial, não poderia decepcionar esta posição".

Saboreei cada segundo daquela última direitinha que pintou na bateria. Senti a velocidade na prancha aumentar a cada manobra, e comecei a ouvir o público gritar cada vez que completava uma manobra.

Fui deixando aquela emoção invadir o peito, mas não a mente. Estava sincronizado com a onda. Cabeça vazia, e coração ardendo de prazer, por estar ali, no meio da confusão.

Quando terminei a onda na areia, estava no meio da galera, que estava gritando, pulando e delirando... e em vez de comemorar, eu apenas fechei os olhos e deixei aquela emoção tomar conta, sem reagir. Apenas senti!

Eu já não conseguia mais reagir a tanta felicidade. Desde pequeno eu sonhava com uma bateria como aquela – com toda a sua história por trás. Esperei o Brad na areia para apertar a mão dele e fui correspondido com muito valor e respeito. Ele me falou: "Nós sempre fazemos altas baterias, e eu adoro isso. Muito grato e boa sorte até a final!". Que palavras!

Faltavam mais duas baterias para completar aquela missão. Na semifinal surfei contra Barton Lynch. O cara da frieza e da esperteza. Com estilo impecável e um controle na escolha das ondas que davam inveja em muitos de nós. Ele viria a ser campeão do mundo alguns anos depois. Já mostrava isso naquela época, tornando-se um veterano.

A mesma coisa, porém, aconteceu! Fomos virando o resultado a cada onda, e no final peguei uma onda de três manobras seguidas, bem no crítico. Sabia que seria a vitória.

Quando saiu a nota eu me concentrei muito para não comemorar. Mais uma vez me vinham as palavras do Avelino: "Cada palavra ou expressão que sai de você leva muita energia para fora. Guarde essa energia, e lembre de surfar cada bateria como se fosse uma final, e a final como se fosse apenas a primeira bateria!".

Eu estava sentado na sala dos competidores, me concentrando para não sair da bolha em que me encontrava. Confesso, me sentia muito bem naquela solidão parcial! Afinal, éramos eu e minha força como parceira!

Agora de volta à área dos competidores, eu me concentrava. Eu tinha uma mania que peguei após um curso de fim de semana que fiz com Lair Ribeiro. Neste curso, ele nos mostrou que há um certo nervinho que corre pelo dedo minguinho da mão esquerda e estimula a concentração do cérebro. Ajuda a criar e manter o foco.

Naquela altura, eu já estava com um hematoma no dedinho, de tanto pressioná-lo para não perder a concentração que eu havia conquistado naquele momento. Afinal, eu experimentava a perfeita noção de que o mundo estava, de fato, andando mais devagar do que eu.

Foi quando Sunny Garcia, que seria meu adversário na final, entrou na sala com uma sacola de gelo amarrada ao joelho e veio me dizer: "*Hey bro, congrats! I won't be surfing the final!*" (Ei brother, parabéns, não surfarei a final).

Eu virei para o Sunny e disse: "*Good luck to you too*" (Boa sorte para você também). Ele olhou para mim meio sem entender direito minha resposta, pois eu havia ignorado seu comentário e desejado boa sorte, como se achasse que aquilo seria uma tática para quebrar minha concentração. Era de fato o que eu havia pensado.

Logo após, entraram na sala o Flávio Boabaid (que era o *manager* da *ASP South America* e que tinha feito o mesmo curso do Lair Ribeiro comigo), junto com o diretor de prova, ninguém menos do que Pepê Lopes (gênio dos esportes radicais) e também o médico do campeonato.

Eles se ajoelharam na minha frente, pois eu nem virei os olhos para eles quando entraram. Estava sentado numa cadeira, conectado com o que iria acontecer dentro da água em alguns minutos. Só sairia desse transe quando tudo terminasse.

Flávio foi o primeiro a falar: "Teco, escuta com atenção o que eles têm para dizer!". Aí foi a vez do Pepê: "Mano, o Sunny Garcia, na segunda semifinal, machucou o joelho na última onda da bateria, e após ser analisado pelo médico que está aqui ao lado, disse que não vai correr a final! Parabéns, você é o novo campeão do Alternativa Surf International".

Alguns segundos depois do silêncio completo na sala – pois eu fiquei olhando para a frente como se ninguém tivesse falado comigo –, o médico começou a ler a carta que estava assinando para a ASP: "Eu, fulano de tal, venho por meio dessa afirmar que, após analisar as condições do atleta Sunny Garcia, do Havaí, que sofreu um acidente no mar durante uma bateria de competição, não está em condições de competir na final, correndo risco de piorar sua condição se algo a mais acontecer na água". Ele continuou: "Parabéns, garoto!".

Eu pensei por alguns segundos. Não conseguia assimilar aquela informação. Não sabia como reagir. Talvez gritar, mas minha voz não sairia, como naqueles pesadelos que a gente tem e quer gritar, mas não consegue.

Foi então que o Flávio Boabaid, ao ver que eu estava muito concentrado, apertando o dedo minguinho e tal, pegou na minha mão, separando-as e olhando nos meus olhos, com os dele já cheios de lágrimas, e disse: "Acabou, Teco. Acabou! Pode se soltar e sair da bolha. Acabou, vai curtir o público!".

Confesso que ainda assim não consegui me soltar totalmente. Fiquei pausado, bem calmo, assistindo ao frenesi das pessoas à minha volta, gritando e dando tapas nas costas, me elogiando, e de repente aquilo tudo se tornava um grande monstro.

Lembrei mais uma vez do Avelino: "Cuidado com os tapinhas nas costas, eles são um veneno, que tira toda nossa energia. Foco na próxima bateria sempre. Só acaba quando tu te aposentares, aí tu vais curtir tudo que tens direito!".

Passaram-se alguns dias até que no campeonato seguinte, lá no Guarujá, em São Paulo, jantando com minha esposa Gabriela e meu patrocinador, Alfio Lagnado, da Hang Loose, ele me perguntou como eu estava encarando aquilo tudo. Eu simplesmente desabei, e comecei a chorar bastante, e senti toneladas de pressão saindo das minhas costas. Parecia que ele havia furado um gigante balão inflável! Esvaziou tudo.

Começava ali uma nova etapa na minha vida e carreira. Aquele meu parceiro de solidão – que sempre aparece em momentos especiais – baixou na minha mente, com um livro de opiniões e críticas em cima daquela vitória. Eu respondia para a minha própria consciência: "Calma, me deixa relaxar um pouco!". E ela respondia ao mesmo momento: "Cada segundo de relaxamento é igual a horas de retorno ao foco! Só acaba quando se aposentar!".

Lembro de uma outra vez, durante uma etapa em Margaret River, no oeste da Austrália, que o mar estava enorme. Digo enorme mesmo, como nunca havia visto e provavelmente um dos maiores mares que já enfrentei na vida. Alguns incidentes marcaram para sempre aquela etapa.

Lembrando que naquela época, anos 1990, não tínhamos nada da estrutura que existe hoje em relação ao resgate de atletas em mares perigosos. Não havia qualquer referência neste assunto até então. Pense que estávamos nas primeiras gerações de motos aquáticas, com motores ainda bem fracos e apenas um tripulante.

Numa das fases do surf feminino, elas tiveram que cair na água quando o mar estava crescendo a cada série. Quando chegou na bateria da Pam Burridge – uma australiana já veterana no mundo do surf –, entrou uma série enorme, de uns quase 20 pés, que lavou o pico e pegou em cheio todo mundo que estava no *outside*.

Algumas perderam a prancha, e outras foram arrastadas pela corrente até o meio da baía de Margaret. Justo a Pam, principal surfista do evento, foi arrastada bem para a frente do penhasco que marca o fim da onda.

Naquele dia, porém, as ondas invadiam a área toda e batiam de frente ao penhasco, levantando água bem acima da altura do próprio penhasco. Assustador demais! Ela estava sendo arrastada até ali quando um dos moradores da região pegou um bote inflável e se jogou para tentar salvar a Pam daquela situação.

Na próxima série ele foi a própria vítima, virou o barco e, de repente, eram dois precisando de ajuda. Lembro que alguns surfistas entraram no mar para tentar chegar nela. Só que ninguém tinha sucesso, pois as séries agora já estavam fechando no canal, e não havia mais uma área segura para estar no mar.

Pam finalmente conseguiu um espaço entre as ondas e teve condições de remar para a praia de Margaret, que ficava depois desse penhasco. Nem deu para comemorar muito, pois assim que eles cancelaram a participação das meninas, nós tivemos que ir para a água.

Eu só tinha uma 6'8" como prancha grande para chegar lá fora.

E se chegasse, não sei se conseguiria pegar uma onda, pois com um mar volumoso como aquele, seria preciso uma 7'4" no mínimo.

Minha bateria era contra o americano da Flórida, Todd Holland. Ele já tinha fama de *big rider* naquela época, e era um dos poucos que veio preparado para ondas realmente grandes. Se não me engano, sua prancha era uma 7'6" (sete pés e seis polegadas).

Quando chegamos lá fora, ele foi logo remando para dentro do pico, para baixo das maiores ondas. Eu resolvi ficar mais aberto e um pouco mais para o raso, de modo a pegar alguma espuma que pudesse me empurrar para uma montanha de água.

Todd chegou a tentar entrar em uma onda, mas não conseguiu descer, acabou saindo ainda no alto dela antes do *drop*. A prioridade passou para mim. Como a prioridade lhe dá direito incondicional de entrar numa onda, ali vi minha oportunidade de não sair do mar sem surfar – a única coisa que passava na minha cabeça naquela hora.

Quando veio uma série de uns 12 pés, eu me posicionei mais aberto para pegar a espuma que viria da primeira sessão da onda, só que quando estava remando nela, vi que o Todd já estava dropando a mesma onda lá de trás.

Pensei: "A única onda que pinta para mim e ele já está nela? Espero que ele me perdoe, mas preciso entrar nesta onda", e entrei! Afinal eu tinha a prioridade incondicional de surfar a onda que quisesse, segundo a regra.

Todd precisou se jogar da prancha quando ainda estava bem na base, executando a virada inicial da onda, e teve que tomar a onda inteira na cabeça. Eu surfei essa onda, após ele se jogar da prancha e tomar o caldo da vida dele, mas não fui muito bem.

Acho que eu apenas sobrevivi àquela onda, cortando para a parede o mais rápido possível, e apostando no *inside* (sessão mais ao raso), que teria mais chances de surfar com minha prancha nitidamente pequena demais para aquele mar. Uns 15 minutos depois ele chega ao fundo novamente, e eu já estava lá. Eu acho que o escutei antes de tê-lo visto, pois ele já começou a gritar, me xingando no mais baixo nível, e de uma certa forma com razão.

Fiquei muito mal com aquilo, pois eu o havia colocado em risco de vida para passar a bateria. Porém, as regras são claras e eu estava dentro delas. Foi uma escolha que doeu nele, mas doeu em mim também. Todd acabou virando a bateria e, quando saímos do mar, ele até me cumprimentou e me abraçou, depois de eu pedir desculpas e explicar que seria minha única chance de surfar aquela bateria.

A gente aprende muito com os nossos erros, e acho que essa lição ambos tivemos que aprender. Eu aprendi a respeitar a atitude do meu oponente, e ele a não confiar num oponente. (Risos.) Situação bem intrigante!

É importante perceber, contudo, que quando identificamos um erro nosso, temos dificuldade de assimilar, aceitar e assumir o erro. Somos colocados na parede, com uma certa sensação de julgamento, como se cada comentário fosse uma acusação.

Acredito que temos que parar de julgar a vida. Observar sim, analisar sim, mas julgar somente quando for muito necessário. Importante mesmo é localizar o erro. Pense bem, qual o problema de assumir um erro? O julgamento dos outros?

Qual é o medo que nos afasta de assumirmos nossos erros? Quando se assume o erro, você quebra uma acusação na hora. Como o cachorro que corre atrás da bicicleta latindo: se a bicicleta parar, ele não saberá o que fazer, pois ele está condicionado a correr atrás da bicicleta, não necessariamente alcançá-la.

Onde há um erro, há esperança de crescimento. Pois aprenderemos a lição. É bom realmente aprendermos, pois como diz o ditado: "Errar uma vez é natural, duas vezes é burrice".

Naquele ano eu não fui muito bem, acabei ficando em nono lugar. Mas tenho um histórico bom em Margaret River, cidade no sudoeste da Austrália. Cheguei a duas finais naquele pico. Uma delas foi contra meu ídolo Tom Caroll. Outra, foi uma bateria final contra três surfistas: Neco Padaratz, meu irmão mais novo; Luke Egan, fortíssimo surfista australiano da época; e o australiano que seria tricampeão mundial alguns anos depois, Mick Fanning.

Abri a bateria com uma onda espetacular, que conquistei me colocando bem no pico e enfrentando, com muita convicção, meus adversários. Até o meu irmão ficou meio impressionado com minha atitude, pois não conhecia, até então, a verdadeira face de quando estou competindo. Minha nota veio logo depois: 9,17 pontos.

Todos dentro da água me olharam rindo e zombando, mas tentei não olhar para eles, de modo a não perder o ritmo que havia conseguido logo ao começo da bateria. Daí em diante, porém, foi incrivelmente diferente. Chego a me lembrar de uma frase que diz: "Excesso de atenção gera tensão!".

Pequei por excesso de atenção. Acho que passei dos limites nas minhas conversas internas. Esqueci de me concentrar nas ondas, enquanto me distraí com que estava acontecendo comigo naquele momento. Percebi que, em determinados momentos da vida, a gente tem que agir mais do que pensar. A atitude da gente é o que nos cabe diante da sabedoria, e não apenas a sabedoria em si.

Fui lutando contra meu pessimismo e, de repente, eu estava tentando me convencer de que iria vencer aquele campeonato. Lembrando as palavras do Avelino: "Cada bateria como se fosse a final, e a final como se fosse a primeira bateria".

Faltando apenas 1 minuto e 30 segundos de bateria veio uma série – os demais competidores já tinham duas ondas; e eu tinha uma muito boa e duas bem ruins. Ainda estava na frente, mas precisava de uma segunda nota boa, pois qualquer um na bateria poderia virar o resultado em qualquer onda boa que viesse. Peguei logo a primeira da série, que não foi tão boa assim, mas melhorou meu resultado.

    O problema é que deixei meus adversários sozinhos no pico, prontos para pegar as próximas ondas que vinham atrás da minha. Dito e feito! Quando não acreditamos no nosso potencial, o Universo conspira contra e começa a favorecer os outros. Neco pegou uma onda incrível e virou o resultado e passou para primeiro lugar.

    Até aí estava tudo certo, pois seria uma dobradinha de primeiro e segundo entre eu e meu irmão. Nos últimos segundos da bateria, Mick Fanning pega mais uma onda, não tão grande, mas o suficiente para o futuro tricampeão mundial – em sua própria terra natal – distribuir todo o seu excelente repertório de manobras e dar uma grande virada para cima não apenas de dois brasileiros, mas despachando ao mesmo tempo dois irmãos em uma onda só!

    Que derrota. Me senti muito mal. Não pela derrota em si. Acabar em terceiro lugar não era tão ruim assim. Mas dar o mole na bateria doía muito. Retomo esse assunto constantemente na minha cabeça até hoje.

    Gosto de lembrar que, sempre que acho que estou vencendo, ali tenho que redobrar a atenção, mas também relaxar e deixar as coisas acontecerem naturalmente, apenas seguindo o processo, sem me apegar demais aos resultados.

    Quem sabe nosso maior adversário está dentro da nossa cabeça. Ele pode derrubar muitos sonhos apenas por ansiedade, orgulho, ambição demasiada e outras características do ego.

São nesses momentos de altíssima concentração, de pura vontade e atitude, que alcançamos a maior parte do nosso 100%. Pois há um envolvimento extremo no processo e pouco tempo para pensar em resultados. Mas mesmo assim, nosso ego nos prega armadilhas que nos desafiam. Esteja sempre preparado tanto para pensar, quanto para agir.

Posso lembrar de muitas situações de baterias e muitos adversários de altíssimo nível, porém, teve uma vez que eu tive que colocar à prova tudo que havia aprendido: um adversário de apenas um centímetro – um mosquito transmissor de malária – que quase colocou tudo a perder! É o que conto no próximo capítulo.

CAPÍTULO 10

O grande susto com a malária que contraí na Indonésia

Estávamos no ano de 2002, e naquele momento eu havia transferido a família toda para a Austrália, com o objetivo de tentar construir um futuro por lá. Foi o país que eu mais curti durante minhas andanças pelo mundo. Talvez porque ali encontrei a melhor referência de educação, clima, geografia, ondas, *vibe* e amigos – sem falar que, da Austrália, as viagens eram mais baratas, e eu poderia também propiciar à minha família uma boa estrutura.

Em termos de um lugar para viver, difícil competir com essas características. Para mim, um país praticamente perfeito. E quando digo que levei a família inteira, isso incluía a Gabi, a Júlia, a Laura e minha mãe Nina. Este é o meu núcleo de família até hoje, graças a Deus. Estávamos todos lá, enquanto a cada etapa eu partia da Austrália.

Há uns 20 dias do evento do Taiti, eu tinha ido para a Indonésia, com o intuito de captar imagens para reportagens e publicidade dos meus patrocinadores. Nessa viagem fomos a Grajagan, na ilha de Java. As melhores ondas da minha vida surfei nesse lugar. E eu tinha certeza que seria uma viagem alucinante, pois estava na companhia do amigo de longa data e jornada, o fotógrafo Agobar de Oliveira Junior.

Em determinado dia, Agobar havia mencionado que precisaríamos contratar um barco para fazer fotos de dentro da água. Era fim de tarde, e eu prontamente me coloquei na missão de falar com o gerente do *Tiger Surf Camp* (pousada que havia em Grajagan e que ficava a uns 40 minutos de barco), para tentar conseguir uma embarcação para o próximo dia.

Sem saber, fui entrando na área dos residentes locais que trabalham no pico da temporada, e vi que todos estavam ausentes nas áreas de escritório e recepção. Sem pensar direito, fui entrando para o lado de trás dessas construções e cheguei nos alojamentos dos funcionários do *Surf Camp*.

Quando finalmente entrei no lugar que me pareceu serem os quartos, de repente surge de lá o *manager*, muito assustado e gritando comigo para que eu saísse imediatamente daquele recinto, pois "não seria seguro para mim". "Opa, pera aí", falei para ele. "O que está acontecendo?"

Ele me explicou que lá dentro, no recinto, estavam vários funcionários com malária, sendo tratados de um dos modos mais primitivos e originais que eu pudesse imaginar: ervas, fumaça e alguns cidadãos cantando e evocando mantras em volta dos pacientes. Esta foi a única imagem que tive daquele lugar.

Imediatamente saí dali e fui conversando com ele até o que seria uma área segura. Tarde demais! Uns dez dias depois disso, eu já estava no Taiti para competir em Teahupoo, e de repente comecei a me sentir fraco e tonto.

Estava, naquele momento, a caminho da minha bateria, numa lancha do dono da nossa hospedagem, o Max Wasna, cidadão extremamente respeitado no lugar, pois era presidente da Associação de Surf de Vairao, maior vila daquele lado da ilha.

Fui ficando cada vez mais fraco à medida que entrava na água, já com a lycra de competição. Lembro, como se fosse agora, a sensação de dropar a primeira onda. Com um mar de uns cinco pés de ondas, eu quis logo pegar uma e, quando cheguei na base para virar e me colocar para o tubo, senti minhas duas pernas simplesmente me abandonarem, fazendo o movimento oposto ao que eu havia planejado.

Em vez de empurrar meu corpo para cima, eu dobrei os dois joelhos e fui amassado pela onda ainda na base. Sorte minha que eu já estava no rabo da onda e a espuma, quando me atingiu, me lançou meio que para fora – e eu finalizei o caldo já perto do canal de corrente que nos leva de volta ao fundo.

Imediatamente pedi o resgate da moto aquática e disse que não estava bem. Parecia que eu iria desmaiar. Assim, me levaram diretamente para a ilha, pois estávamos lá no fundo, para fora dos anéis de corais do Taiti, a cerca de 800 metros da costa.

Quando cheguei lá, peguei minhas coisas e me deixaram em casa. Ali, vi que estava ainda pior e quase perdendo as forças completamente. Chamaram a ambulância, para me levar a um hospital. Imediatamente liguei para a minha casa na Austrália, para falar com a Gabi, e dizer-lhe o que estava acontecendo.

Quando ela atendeu, comecei a descrever os fatos. Então simplesmente senti tudo apagar e desmoronei, com o telefone na mão e tudo mais. A última lembrança que tive antes de desmaiar foi a prima do Max gritando: "Flávio!".

Acordei no hospital, já numa cama de UTI, em observação. Perguntei à enfermeira sobre o que havia acontecido. Ela não entendeu nada, pois não falava uma palavra em inglês. Tive que extrair todo meu precário francês para tentar saber o que havia comigo. Não tive muito sucesso.

Não foi apenas por causa do meu francês, contudo, pois entendi que eles ainda não sabiam o que eu tinha, mas que eu estava medicado e passava bem. Sentia-me muito mal naquele momento, por isso percebi que havia algo mais do que simplesmente febre e fraqueza no corpo.

Estavam me dando antibióticos e antitérmicos, e fazendo exames de sangue para descobrir que doença eu havia contraído. Depois de uns dias nesse processo, e sem uma conclusão precisa, no outro lado do planeta – na Lagoa da Conceição, em Florianópolis –, o "Barão" saía da padaria, já sabendo dos detalhes do que havia acontecido comigo, e encontrou meu médico Joel Steinman no estacionamento.

O Dr. Joel já havia cuidado de mim em vários outros casos. Mas nesse momento ele estava ali, na frente do Avelino (Barão), e depois de ouvir os detalhes da situação, teve logo uma pergunta a fazer. "Onde ele esteve antes de ir para o Taiti?" Barão respondeu na hora: "Indonésia".

Dr. Steinman imediatamente pediu ao Barão para que ligasse para o hospital do Taiti, já adiantando: "O Teco tem malária, e no Taiti não existe malária; por isso, eles estão tratando o Teco com antibióticos, mas que no caso dessa doença é a única coisa que você não pode usar".

Explicou que o vírus ou protozoário da malária sofre mutações várias vezes antes de ser expelido pela urina. Nesse caso, em vez de colocar anticorpos no corpo para se defender, você tem que acelerar o seu metabolismo para que este intruso logo chegue ao seu formato final e seja expelido. Então o tratamento deve ser outro, através de doses altas de quinino – o mesmo presente na água tônica.

Nem preciso dizer que percebi na hora quando o Dr. Joel ligou para o hospital, pois uma fila de médicos entrou no meu quarto, seguidos de umas três enfermeiras, todos com os olhos arregalados. Por fim, um médico chinês que parecia ser o chefe da turma – pois todos abriram caminho para ele – sentou bem na minha frente com uma ficha na mão.

Começou me falando do Dr. Joel. "Ele deve ser muito seu amigo", disse o médico chinês. Perguntei em inglês, pois foi assim que ele se dirigiu a mim: "O que ele disse? O que eu tenho? O que está acontecendo?".

Ele me respondeu numa pergunta: "Onde você esteve dez dias atrás?". Eu respondi que estive na Indonésia. Ele então me disse imediatamente: "Malária! Você tem malária!". Alguns médicos que estavam ali ficaram altamente agitados; e inclusive um deles mencionou que deveriam tirar o outro paciente que dividia o quarto comigo.

Foi quando o médico chinês respondeu ao jovem médico: "Você não fez o dever de casa na faculdade? Não existe malária no Taiti, porque aqui não temos o mosquito transmissor". Por isso, estavam fazendo exames para saber se era dengue, leptospirose ou outras epidemias comuns naquela ilha, mas não obtinham um resultado positivo.

Não preciso dizer como recebi aquela notícia de uma só vez! Foi um verdadeiro choque! Do meu ponto de vista, o cenário era o seguinte: estava naquele momento com 41,7 ºC de febre, coberto por sacos de gelo, pois os antitérmicos não estavam fazendo efeito. O médico francês que cuidava de mim estava apavorado – eu percebia isso nos seus olhos quando ele ouviu seu chefe descrevendo o que houve comigo. Ele só segurava minha mão e dizia: "Não durma! Não importa o que aconteça, não durma. Você pode ter uma convulsão e entrar em coma!".

(Risos!) Na minha cabeça, só passava uma frase: "Você não me conhece!". Alguns minutos depois, como se por um toque de mágica do destino, o telefone tocou na sala ao lado do meu quarto (a sala do chefe), e percebi que uma enfermeira, ao atender, tentou responder – num inglês bem arranhado – que eu estava no quarto ao lado e que tentaria levar o telefone para mim.

Pensei na hora na Gabi: ela deveria estar louca para saber o que havia acontecido comigo. Afinal, lembra que eu desmaiei ao falar no telefone com ela? Então ela quase teve um infarto lá na Austrália, pois simplesmente ouvira tudo pelo telefone, que ficou pendurado, quando todos haviam corrido para me socorrer e prestar a assistência inicial.

Fiquei ansioso para dizer a ela sobre a mais recente e catastrófica informação de diagnóstico que acabara de receber. Quando finalmente peguei no telefone, percebi um barulho enorme: não de interferência de sinal, mas de muita gente cantando como se fosse um coral ou algo parecido...

Era o meu padrinho de casamento, Paul Sargeant, o Sarge. O mesmo Sarge da primeira viagem à Austrália, que havia se tornado cristão devoto, fazia algum tempo. Quando eu finalmente ouvi a voz dele, saí logo cortando dizendo que estava no hospital e que estava morrendo, que precisava falar com a Gabi imediatamente, para ela ligar para o Brasil, sei lá, fazer alguma coisa... Desespero total da minha parte!

Foi quando ele me cortou e disse uma frase, talvez a mais marcante de toda minha vida: "Foi Jesus que permitiu sua vinda à vida, só ele pode tirar você daqui. Fala com ele diretamente, pois estamos aqui cantando e louvando o seu nome, e precisamos que você faça o mesmo aí. Conversa com Jesus, Ele é a sua salvação...".

(Hshshsssxxx.....barulho de interferência no telefone) A ligação caiu! Um momento de silêncio puro dentro do hospital. Ao menos na minha mente, tudo havia parado! Fiquei chocado com as palavras do meu amigo. Pensei por alguns segundos antes de concluir. Lembre, comigo tudo é muito rápido.

Minha mente ainda corria na velocidade da luz, e naquele momento eu precisava dela assim. Não havia outra solução. Não havia como evitar, ou ao menos criticar aquilo na minha cabeça, completamente aberta às religiões e crenças. Parece que naquele momento não havia religião. Havia Deus, Jesus, e nada mais.

Comecei a rezar: "Pai nosso, que estais no céu...". Pergunto a você: Quanto tempo demora para rezar quatro vezes o "Pai-Nosso"? Pois exatamente após quatro orações, me arrumando na cama, percebi que meu lençol grudou nas minhas costas, e imediatamente veio aquela conclusão mais incrível que tive em toda minha vida! Eu estava suando!

No mesmo momento chamei freneticamente a enfermeira, no botão de emergência. Ela entrou correndo e assustada; e eu, nesse momento já suando profusamente, só estiquei o dedo indicador para ela e, com a outra mão, apontei para a testa, indicando minha temperatura. Ela tinha um aparelhinho que picava a ponta do meu dedo e em uns cinco segundos vinha o resultado da temperatura: 37,5 °!

Não lembro realmente se tive febre alguma vez depois disso. Até hoje! Gente, o segredo está em acreditar, de fato, fielmente, na salvação, e chamar por Ele. Seja o nome que você quiser dar a Ele. Apenas acredite que é possível.

Naquele momento veio uma pergunta na minha mente: "Se minha vida fosse um filme, qual personagem eu escolheria ser? Seria eu a 'vítima?'". Bom, a vítima é aquela pessoa que já acorda pela manhã sofrendo de frustração. Se joga nas cordas de propósito, com o único intuito de ser levantada e ser elogiada e ajudada.

Uma tática muito esperta para ser rodeado de pessoas que lhe põem para cima, criando assim uma dependência dos outros para que se sinta feliz. Pura ilusão, pois a felicidade que vem de fora nunca preenche nosso peito verdadeiramente. Apenas nos faz dependentes de outras pessoas e situações para sermos felizes.

Como se isso fosse uma droga extremamente viciante, trabalhando a necessidade de querer sempre mais. As drogas representam muito bem a necessidade que a "vítima" tem de que algo bom aconteça para que se encontre a felicidade – tornando esta conduta rotineira, na busca incansável de momentos e pessoas que lhe coloquem para cima.

Difícil conviver com uma "vítima". Você acaba se tornando um escravo do bem-estar dela. E ela lhe coloca nesta posição com muita habilidade, investindo no sentimento de amizade, lhe tratando bem e cultivando a sua única fonte de energia. Ou seja, essa pessoa jamais poderia ficar sozinha. Acho até que se for por um certo tempo, ela acaba morrendo de frustração e desgosto.

Sinto pena dessas pessoas. Mesmo sabendo que "pena" não é um bom sentimento neste caso. Mas acaba se tornando inevitável. Você acaba se sentindo responsável pela vítima: uma verdadeira sedução que não acaba nunca. Por isso a comparação com as drogas.

Ser duro com uma vítima pode até doer na hora, mas você acaba por ajudar muito essa pessoa a acordar para os verdadeiros fatos da vida e aprender sobre a coragem!

Assim pensando e agindo, então seria eu um "vilão"? O vilão é aquela pessoa que faz tudo sozinha, não suporta depender de alguém. Não pede ajuda a ninguém, e por isso se torna extremamente solitária. Acaba aceitando essa condição por causa do orgulho. Prefere ser sozinha a ter que compartilhar os méritos da vida com alguém. Prefere se dar mal, a ter que pedir ajuda e depender de alguém.

Um vilão é aquele cara que senta na mesa de trabalho e não é capaz de sequer olhar para a mesa ao lado e saber se a pessoa precisa de algo. Normalmente trabalha com fones de ouvido para não ter afetada a sua concentração: não no trabalho, mas em si mesmo. Um dia vou ter a oportunidade de dizer a um vilão, se for perguntado, é claro: "Você só quer ser você?".

(Risos!) Piadas à parte, a pergunta é sincera e cabe neste caso. Hoje em dia há muitos vilões por aí. Pensam somente nos seus direitos, mas raramente pensam em seus deveres. Arrisco dizer que o povo brasileiro (me incluo nesta), se fosse uma pessoa só, seria um vilão meio vítima.

Sempre anuncia seus direitos. Briga por eles, não abre mão deles em alguns casos, mas ao mesmo tempo luta para trabalhar menos e ganhar mais. Quer ter vantagem em tudo, sempre pensando em si mesmo.

Fácil conhecer a personalidade do povo de uma cidade: é só dirigir no seu trânsito que você vê as pessoas mostrarem quem são, sem ao menos perceber. Tratamos uns aos outros no trânsito com a mesma atitude da nossa personalidade. Tentando cortar caminho e ultrapassar o tempo todo, se possível até infringimos a lei para chegarmos um minuto adiantado – como se o trânsito fosse um investimento financeiro, onde cada centavo conta.

E nos tornamos viciados nisso. Ter vantagem parece ser a lei maior do "brasileiro vilão": típico dos políticos corruptos, que são obcecados pelo poder, e tentam tirar vantagens em tudo que fazem. Aliás só fazem alguma coisa em prol de outras pessoas quando conquistam algum retorno disso. Odeio vilões! Eles mancham nossa sociedade como óleo no oceano!

E se eu for um "herói"? Imagino que todos devem estar esperando eu falar desta figura. Mas tome cuidado, essa figura só é encantadora no momento em que mencionamos seu nome: "herói". Pois se formos analisá-los melhor, eles são cheios de orgulho: uma necessidade extrema de serem humildes, de se dedicarem aos outros e nunca para si.

Caderno iconográfico

Dona Nina e seus três filhos: eu à esquerda, e à direita, Charles (em pé) e Neco.

Eu e minha primeira prancha, uma K&K 5'6" que me deu muitas vitórias já no começo da carreira.

Judô: meu primeiro esporte de competição. Reparem que eu já havia conquistado a faixa marrom (uma antes da preta) com apenas 12 anos de idade.

Recém-chegado da Califórnia, no final de 1987, revendo meus irmãos Neco e Charles, após um ano de experiências, estudos e muitas competições.

Eu e a querida amiga Lynn Holmes, da Austrália. Ela abriu as portas da sua casa para mim e o Fabinho Gouveia em nossa primeira viagem para o Circuito Mundial, em 1988.

Foto utilizada em meu primeiro passaporte.

Eu com meu pai, Percy Padaratz, e minha mãe, Madrison Espindola (Nina), numa das raras fotos com eles juntos.

COLÉGIO «SÃO JOSÉ»
Vinculado ao Sistema
Estadual de Ensino SC.
Entidade Mantenedora: «Colégio São José»
1.º Grau - Adaptado pelo Parecer
n° 187/78 de 15-12-78
Rua Silva, 365 - ITAJAÍ - Sta. Catarina

ESTADO DE SANTA CATARINA
SECRETARIA DA EDUCAÇÃO

«COLÉGIO SÃO JOSÉ»
ITAJAÍ — SANTA CATARINA

HISTÓRICO ESCOLAR

Nome do Aluno: FLÁVIO PADARATZ
Data de nascimento: 19.04.1971
Local: Blumenau   Estado: S.C.
Nome do Pai: Percy Padaratz
Nome da Mãe: Madrison Espindola Padaratz

1a. Série	Comunicação e Expressão					Estudos Sociais		Ciências		Frequência Geral	Média Geral
	Língua Portuguesa	Educação Artística	Educação Física	Língua Inglesa		Integração Social	Ensino Religioso	Inic. à Ciên. Prog. Saúde	Matemática		
	95	95	97	95	-	100	95	92	100	97%	Aprov.

Colégio "São José"   Itajaí-SC   1978   Maria Adelina da Cunha
Nome do Estabelecimento   Cidade   Ano   Nome da Diretora

| 2a Série | 90 | 80 | 95 | 100 | - | 87 | 95 | 85 | 95 | 99% | Aprov. |

Colégio "São José"   Itajaí-SC   1979   Maria Zélia Busarello

| 3a Série | 90 | 100 | 100 | 85 | - | 90 | 98 | 95 | 90 | 99% | Aprov. |

Colégio "São José"   Itajaí-SC   1980   Maria Zélia Busarello

| 4a Série | 75 | 92 | 100 | 92 | - | 90 | 82 | 92 | 82 | 99% | Aprov. |

Colégio "São José"   Itajaí-SC   1981   Maria Zélia Busarello

Minha mãe sempre dizia para mim e meus irmãos: "Querem surfar? Então venham com notas boas do colégio". Aí está a garantia de surf todos os dias.

Aluno: FLÁVIO PADARATZ

	Comunicação e Expressão			Estudos Sociais				Ciências			Formação Especial		Média Geral
	Língua Portuguesa	Educação Artística	Educação Física	Língua Inglesa	História	Geografia	Organização Social Política do Brasil	Educação Moral e Cívica	Ensino Religioso	Ciências e Progr. de Saúde	Matemática	Iniciação para o Trabalho	Música	
5ª Série	71	81	100	83	82	78	–	–	80	70	81	80	82	–	80
Horas Aula	144	36	108	72	72	72	–	–	36	108	144	72	36	–	

Colégio "São José" Itajaí-SC 1982 Maria Zélia Busarello
Nome do Estabelecimento — Cidade — Ano — Nome da Diretora

6ª Série	59	83	83	77	73	76	–	–	83	71	71	83	–	–	75
Horas Aula	144	36	108	72	72	72	–	–	36	108	144	72	–	–	

Colégio "São José" Itajaí-SC 1983 Maria Zélia Busarello
Nome do Estabelecimento — Cidade — Ano — Nome da Diretora

7ª Série	71	–	88	78	76	77	–	73	88	76	72	70	–	–	76
Horas Aula	144	–	108	72	72	72	–	36	36	108	144	72	–	–	

Colégio "São José" Itajaí-SC 1984 Maria Zélia Busarello
Nome do Estabelecimento — Cidade — Ano — Nome da Diretora

8ª Série	64	–	88	68	82	85	81	–	82	85	77	73	–	–	78
Horas Aula	144	–	108	72	72	72	36	–	36	108	144	72	–	–	

Colégio "São José" Itajaí-SC 1985 Maria Zélia Busarello
Nome do Estabelecimento — Cidade — Ano — Nome da Diretora

Itajaí, 17 de dezembro de 1985

Amélia Martins
Secretária
Amélia Martins
Secretária Aut. n.º 9004/72

Maria Zélia Busarello
Diretora
Diretora - Reg. 7.671 - MEC

Ilone Maria Gomes Schatz.
Tradutora Juramentada
Doc. 077   Ap. 12
Buenos Aires, 79
Fone: 22-9465
09/20/87

Nossos olhos falam tudo sobre nós! Família reunida durante uma visita que fizemos para a Laura (ao meu lado), que morava na Califórnia, estudando e passando pela mesma experiência que eu. De boné, minha filha mais velha Júlia, à direita, e minha esposa Gabriela no meio.

Além de ser minha melhor amiga, Gabi passou a ser minha musa de toda a vida. Minha parceira de todos os momentos.

A gasolina do meu motor! Acho que essa foto circulou na minha carteira por anos! Gabi, Júlia e Laura.

Recentemente me tornei avô. Uma das melhores experiências da vida. No meu colo está Laila, minha neta, filha da Júlia (atrás de mim) com o marido Pedro Meneguelli.

A camiseta da sorte! Nesta foto, eu vencia o Sundek Classic, Categoria Amador Open, em Ubatuba, no ano de 1986. Revanche para cima do Ricardo Tatuí, bem à direita, que me venceu na final do evento anterior, o OP Pro da Joaquina.

Com meu amigo de longa data e padrinho de casamento, o fotógrafo e editor Paul Sargeant (Sarge): o primeiro gringo a acreditar em mim e em toda uma geração de brasileiros que entravam no *Tour*. Lembro dele mencionando que um dia os brasileiros iriam dominar o *Tour* Mundial.

Um brinde com Fábio Gouveia: parceiro de muitas viagens e campeonatos.

Na sala de troféus da Tropical Brasil, junto de David Husadel e Avelino Bastos. Equipe campeã!

Cumprimentando Damien Hardman após minha primeira derrota no *Tour*. Foi nessa etapa do Sundek Classic Internacional de 1988, em Ubatuba, que eu entrei oficialmente no Circuito Mundial da ASP.

No pódio de Lacanau, em 1990, com Kelly Slater ao meu lado: ambos ficamos em terceiro lugar. No alto, Tom Curren, o vencedor da etapa; e em segundo lugar, mais à esquerda, Richie Collins, da Califórnia.

Momento de concentração durante o Alternativa Surf, na Barra da Tijuca, Rio de Janeiro, em 1990. Fiquei em segundo lugar nesse ano. E venci essa mesma etapa no ano seguinte, em 1991.

Famoso pódio de Hossegor, França, em 1994, etapa em que venci o mestre Kelly Slater (de lycra branca) na final. No canto direito da foto, o taitiano Vetea David (de lycra azul), que perdeu para o Kelly na semifinal. Repare também que eu seguro uma camisa da seleção brasileira de futebol, no caso a de número 21, do Viola, atacante da seleção. Esse evento aconteceu logo após a Copa do Mundo de Futebol nos Estados Unidos, em 1994.

Propaganda da Tropical Brasil, logo após a minha conquista do primeiro WQS, em 1992.

No chuveiro, depois de saber que havia pulado para a 7ª colocação do ranking mundial.

Pódio de Margaret River, na Austrália, em 1992, ao lado do meu maior ídolo: Tom Carroll.

Este foi o primeiro pódio de um surfista brasileiro no *Tour* da ASP (Association of Surfing Professionals). Em 1989, na cidade de Durban – África do Sul, fui vice-campeão atrás do norte-americano Brad Gerlach.

Talvez o pódio mais sofrido e emocionante da minha carreira. Foi meu último no *Tour* da ASP. Após o evento em que contraí malária, não estava no 100% da minha capacidade física, porém consegui compensar com os poderes da mente. Campeão do Lacanau Pro de 2002, em Lacanau, França, contra os australianos Jake Paterson, Todd Prestage e Toby Martin.

100% de foco e capacidade física unidos a uma prancha mágica e autoconfiança imbatível.

Ligando pra Gabi, pra contar a notícia. Mais atrás na foto, em pé, Perry Hatchett (juiz da ASP na época), sentado ao fundo AL Hunt (*Tour Manager*) e mais à frente Graham Cassidy (presidente da ASP).

Saindo da água, e carregando no peito o escudo da entidade à qual me dediquei por 30 anos, além do orgulho de levantar a taça e a bandeira brasileira contra o maior de todos os tempos – Kelly Slater, diante da praia lotada em Hossegor, França (1994), e da mídia do mundo inteiro.

Momento máximo da minha carreira ao lado do Mestre Kelly Slater, numa época em que tive que aprender a olhar para os ídolos como apenas adversários de competição. Posso dizer que nesse momento eu estava com 100% da minha capacidade física e mental.

Durante uma viagem de *"Free Surf"* para Maldivas, em 2017.

Dois momentos registrados do meu primeiro campeonato como profissional. Eu tinha apenas 17 anos e junto com o Avelino fomos primeiro a São Paulo assinar contrato com a Hang Loose e na sequência tocamos para Ubatuba (SP) para competir no Sundek Classic na praia de Itamambuca, 1988. Até então nunca havia pensado que um dia eu daria autógrafos.

Maldivas, em 2017.

Tropical Brasil

Taiti, em 2006. Viagem para captar imagens para a Tropical Brasil.

Praticando Yoga nas pedras da Praia da Joaquina, Florianópolis, Santa Catarina.

O caminho interior é a fonte da nossa evolução. Olhando para dentro descobrimos diversas maneiras de melhorar nossos defeitos e torná-los nossos pontos fortes.

São pessoas que não podem ter qualquer relacionamento mais profundo, pois sempre estão à disposição de todos. Um herói nunca tem tempo para si. Nunca cuida muito bem de si. Vive sozinho, por achar que ninguém vai conseguir conviver com suas responsabilidades. Pensa num médico de plantão: sua família está em casa, e todos aprendem que naqueles dias o médico terá que estar à disposição dos outros.

O herói também pode ser encontrado em empresas. Isto é mais comum do que imaginamos. Ele é aquele cara que consegue conversar, ao mesmo tempo, com o dono e com o menor personagem daquela empresa. É no herói que todos pensam quando há um problema. Mas veja que interessante: essa pessoa, se tiver um câncer, provavelmente não vai saber se cuidar direito. Vai ainda pensar em ir ao trabalho, pois acha que os problemas dos outros são mais importantes do que os seus.

Dificilmente um herói tem vida social. Ele não tem tempo de se divertir. Um verdadeiro candidato à depressão, ao cansaço, está sempre bufando, mas nunca solta um grito. Nunca perde a cabeça. Mas fica doente a cada mês. Uma gripe, uma dor de barriga, tudo isso passa despercebido pelo herói. Cuidado para não se tornar um e acabar virando escravo dos problemas dos outros. Isso tem um limite e, com certeza, o herói não sabe onde é esse limite.

Voltando à história, eu tinha na minha frente os três personagens clássicos da vida – a vítima, o vilão e o herói –, e não me identificava com nenhum deles. Eu gostaria de ser o personagem "campeão". Queria que aquele momento fosse um momento de vitória, e não de calvário.

Aí me veio na cabeça, pera aí! Num filme, o que exatamente faz o "diretor"? Aaaahhh... o diretor! Ele manda em tudo num filme. Manda até mudar o roteiro, que é o princípio fundamental na produção de um filme, caso essa mudança se mostre melhor para o resultado final. Como se o diretor fosse o juiz de todas as causas, e pudesse decidir sozinho tudo o que vai acontecer dali para a frente.

Um bom diretor, porém, monta uma equipe perfeita para a sua personalidade, e consegue delegar tarefas exatas à sua equipe. Ele é o "líder". Naquele momento da vida eu precisava liderar meu destino com maestria. Era minha vida orgânica que estava em jogo.

Mesmo duvidando das igrejas em geral, eu me percebi completamente devoto à força Universal que chamamos de Deus. Posso até dizer que um "ateu" é uma pessoa que nunca passou por isso. Nunca se sentiu completamente abandonada, sozinha, sem defesa, com sinais fortes de a morte estar chegando!

Nessa hora não é a cabeça e os seus raciocínios que lhe comandam, e sim seu mais puro e primordial instinto de sobrevivência. Confesso que naquele momento eu não questionei nada!

Não lembrei de nenhum pensamento crítico, de nenhum preconceito passado, de nenhuma dúvida. Apenas segui minha vontade de viver e, por instinto, me peguei orando o "Pai-Nosso" – um mantra que diz tudo que podemos dizer a Deus quando formos falar com Ele dentro de nós.

Na vida, encontraremos vários momentos de decisão, e alguns deles não nos permitirão consultar ninguém por respostas. Assim sendo, comece a conversar internamente sempre – você vai precisar disso nesses momentos.

Sobrevivi àquele incidente, que se estendeu por mais uns seis meses, pois tive algumas consequências decorrentes daquela doença. Perdi o movimento do braço direito em quase 100%. Não conseguia levantar o braço. Voltei para Austrália com uns 15 kg a menos. Estava que era pele e osso!

Fui a uns três médicos diferentes para tentar resolver o que estava acontecendo com o meu braço direito. Sem sucesso algum, tive que optar por uma última saída: voltar ao Brasil e me cuidar com o meu médico, o Dr. Steinman.

Não foi fácil tomar aquela decisão, pois, a essa altura, Gabi e as crianças já estavam se acostumando com a Austrália a ponto de não quererem mais voltar ao Brasil. Foi uma decisão que custou alguns anos de relação dura com a Gabi. Tive que acabar com o sonho dela de morar na Austrália.

Chegando ao Brasil, fui direto fazer os exames que o Dr. Steinman me pediu. Quando tinha terminado um dos exames mais doloridos que já fiz – no qual um outro médico enfiava uma agulha no meu músculo e dava um choque, para ver se aquele músculo ainda reagia –, eu perguntei para ele: "Doutor, tenho um campeonato mês que vem e preciso saber o que fazer para me recuperar o mais rápido possível".

Ele levantou os olhos acima dos seus óculos e disse de um modo quase brutal para mim, naquele momento: "Garoto, não é uma questão de voltar ao campeonato, você nunca mais vai nadar!". Eu choquei! Desabei. Comecei a chorar ali mesmo, e com a garganta totalmente engasgada, parti direto ao consultório do Dr. Steinman.

Chegando lá, vi que a secretária estava enlouquecida, tentando acalmar alguns pacientes que reclamavam do doutor ter cancelado todas as consultas daquela tarde e das demais, pelos próximos dois meses. A assistente dele estava logo atrás e me indicou o caminho da sala do médico, tentando não demonstrar isso para os outros pacientes ali presentes. Não entendi nada, mas fui entrando até a sala do Dr. Joel.

Quando cheguei lá presenciei uma cena muito inusitada. O doutor já estava com a roupa de surf, esperando-me somente para sairmos pela porta de trás e irmos direto para a Lagoa do Peri, no sul da ilha de Florianópolis, e começarmos minha reabilitação.

Lembro das palavras dele, enquanto dava pulos de incentivo e me fitava bem no meio dos olhos: "Você está preparado, irmão? Está preparado para ser campeão do mundo? É agora! Vamos ganhar o campeonato mundial!".

Em nenhum momento, até hoje, ele me disse exatamente o que eu tinha. Acho até que nem ele, nem eu, sabemos o que de fato aconteceu. O diagnóstico do radiologista foi de que tive a morte de mais de 70% do nervo que controla o músculo serrátil, que controla o movimento do braço para cima e para baixo. O que me disseram é que, com mais de 50% de perda do nervo, você não consegue mais recuperar aquele nervo.

Meu médico não queria estragar minha capacidade de recuperação tomando por base padrões externos e estatísticas de medicina. Ele acreditava que os atletas têm muito mais capacidade de recuperação do que as pessoas normais. E estava corretíssimo!

Alguns meses depois eu já estava surfando e, na segunda etapa que competi em Lacanau, na França, venci. Lembrei muito das tardes que passávamos nadando na Lagoa do Peri e também na academia Baleia Azul, em Floripa, que abriu as portas para eu complementar a minha recuperação.

Gostaria de realçar que nossa vontade interna é muito forte. E que nossa mente é muito mais poderosa do que imaginamos. Temos realmente a capacidade de atingir muito mais do que os padrões que nos passam. Mas volto a dizer que: ou estamos muito focados, ou só iremos encontrar nossos 30% restantes em situação de desespero.

Portanto, comece já a buscar seu 100%! Você pode vir a precisar muito do seu máximo em algum momento da vida, e esses momentos nunca nos avisam que estão chegando.

CAPÍTULO 11

Trazendo o Circuito Mundial da ASP para Santa Catarina

Após passar mais de uma década correndo atrás dos sonhos como surfista – aqueles que colocaram na minha cabeça e eu agarrei com unhas, dentes e muita vontade –, comecei a me questionar até onde aquilo ainda me levaria. Afinal, já havia passado por muitas aventuras na vida, algumas até correndo risco de morrer.

"Será que eu consigo manter este sonho por muito mais tempo?", me perguntei. Comecei a pensar nos outros sonhos que até então não havia nem considerado. Já vinha fazendo algumas outras atividades paralelas ao surf, através da mídia, como *surf reports* das etapas do Circuito Pro, pelo canal SporTV.

De repente, pintava uma saída para aquela pequena angústia que começava a pintar no peito. De fato, não percebi muito claro essa situação chegando. E, quando me dei conta, estava vomitando nas baterias, chorando nas viagens de avião, impaciente com todo o processo de viagens, aeroportos, aviões, locadoras, hotéis e toda a burocracia das viagens.

Estava me tornando uma pessoa rancorosa, reativa, até mesmo com minha família. Minhas filhas mal me viam. Minha esposa, Gabriela, começou a perceber uma certa distância entre a gente, o que se tornaria um assunto reticente dali em diante. Nossa crise existencial aconteceu ao mesmo tempo, eu acho.

Eu pensava que não tinha mais nada a acrescentar ao meu trabalho de surfista profissional. Não havia mais nada que pudesse fazer para me realizar naquilo. Eu já havia conquistado mais do que imaginava quando comecei. Estava na hora de parar!

A primeira pessoa com quem me abri sobre esse assunto foi a Gabriela, que mesmo sem entender de onde vinha aquela ideia, me incentivou a seguir o meu coração. Se eu achava que tinha que parar, então eu deveria parar – mas que fizesse aquilo da forma certa.

Afinal, já tínhamos duas filhas para criar, e elas não tinham nada a ver com os meus desejos e objetivos pessoais. Elas eram fruto de algo muito maior, e merecedoras de toda a nossa atenção. Quando a Gabi me falou isso, parece que era o que faltava. Que parceira! Só que ela levantou um assunto muito importante: "Do que eu iria viver dali em diante?".

Fui conversar com o meu velho parceiro, o Barão. Ele já vinha correndo atrás de um projeto que significava muito para ele, e para mim também. Só que antes de eu me convencer a parar, Barão tinha um objetivo de me tornar 100% patrocinado pela Tropical Brasil, marca da qual eu já era sócio naquela época.

Tal fato não facilitou em nada minha conversa com o Barão, considerando que ele já estava com a proposta em mãos quando cheguei para falar. Ele havia conseguido um investidor para a Tropical Brasil, e queria assinar um contrato de exclusividade comigo por três anos.

Eu estava querendo parar e ele veio com mais três anos! Não preciso dizer como foi, para mim, continuar competindo durante mais aqueles três anos. Tudo era mais difícil e doloroso. Vitórias não tinham tanto valor e derrotas me tiravam do sério. Eu me tornava insuportável.

Olhando em retrospecto, foi justamente naquele período que contraí a malária. Parecia um castigo, por seguir os objetivos de alguém e não os meus! Mas como eu aprendi! Aprendi muito num curto período de tempo.

Aprendi a maneira de me conhecer melhor, através do Yoga. Com o mestre Marco Schultz, pude entender bem melhor minhas reações àquilo tudo. Comecei a perceber que uma parte de mim estava sofrendo, mas outra nascia forte dentro de mim. Uma vontade de fazer algo a mais com minha vida, mas ao mesmo tempo a paciência de saber esperar, consciente de que tudo é passageiro na vida. Aliás, nossa vida é passageira!

Durante aquele período, eu me entreguei ao trabalho de mídia, melhorando minha performance a cada trabalho de cobertura das etapas e tornando-me bem mais participativo nas questões do *Board* da ASP, onde eu era representante dos surfistas que tinham o inglês como segunda língua.

Até que no começo de 2003, soube que a pessoa que era dona da licença da etapa do Brasil no Circuito Mundial havia declinado e, de repente, o Brasil não teria mais etapa no *Tour*. Como representante dos surfistas que não falavam inglês como primeira língua – no caso, a América do Sul –, fui obrigado a me levantar e dizer que não poderíamos "não ter uma etapa no Brasil": afinal, a essa altura, éramos a terceira maior potência do surf mundial!

O CEO (*Chief Executive Officer*) da ASP (*Association of Surfing Professionals*), na época, era o Peter Whitaker, que levantou e simplesmente disse: "Então você tem que conseguir uma carta de garantia da premiação do campeonato e pagar na frente o equivalente a US$ 50.000,00, em 20 dias!". Aquilo entrou como uma faca no meu coração.

Eu sabia que ele não se moveria por nada para realizar a etapa no Brasil. De uma certa forma, todos ali na reunião acharam até que seria bom, por uns tempos, ficarmos sem a etapa do Brasil. Ao menos foi a sensação que tive na hora.

A partir dali rolou uma das maiores missões na minha vida – tanto que passo por essa missão todos os anos desde então. Raspei o meu caixa e levantei, através de todas minhas economias, os tais US$ 50 mil. Só faltava a tal carta de garantia da premiação da etapa.

Tem gente que diz que tive sorte na vida, mas eu prefiro acreditar que me coloco nas situações com possibilidades de acontecerem, e deixo o Universo fazer o resto. Sempre foi assim!

Naquela semana que voltei ao Brasil, conheci uma pessoa incrível: o Petrônio Estrela (já falecido), então diretor da Agência Fórmula de publicidade, em Floripa. Ele me levou à primeira audiência com o governador do Estado de Santa Catarina na época, Luiz Henrique da Silveira.

Fomos ao gabinete do governador, na hora marcada. Quando chegamos lá, fomos recebidos muito bem pelo então assessor do governador, Wilfredo Gomes. Eu já o conhecia de eventos que ia com o Avelino em Florianópolis, mas não sabia das suas empreitadas.

Na hora em que Wilfredo foi falar com o governador para nos receber, Petrônio, que estava comigo, logo me disse para tomar cuidado com esse cara: "Ele é um avião!". Na hora, percebi que os dois eram rivais no mercado publicitário.

Eu nem estava tocando o evento em si, e já me encontrava no meio de uma situação obviamente política, pois eram dois rivais que estavam me levando ao governador. Eu teria que me posicionar em relação a isso, em algum momento no futuro.

Entrei finalmente na sala e, por ordem do governador ou não, o Petrônio acabou ficando na sala de espera. Não gostei muito daquilo, mas estava numa missão muito maior do que a disputa entre aqueles dois agentes. Observação: "Os dois eram meus amigos, mas não necessariamente amigos entre si".

Quando fui apresentado ao governador, ele não deu muita importância para quem eu era, mesmo após Wilfredo me apresentar como "grande campeão do surf catarinense". Eu fui direto ao assunto:

— Senhor governador, eu posso ajudar a causar uma revolução na sua imagem como político numa esfera bem alheia a qualquer posicionamento político, a galera da praia. O senhor sabe que político, apesar de cuidar da nossa sociedade, não é muito bem recebido em eventos esportivos do surf, sobretudo após alguns anos de poucos eventos esportivos de destaque no nosso estado. Eu posso transformar o senhor em um verdadeiro herói!

Ele então olha para mim, me dissecando da cabeça aos pés, meio que não acreditando na petulância daquele garoto falando sobre sua imagem, mesmo que indiretamente! E eu continuei:

— Esse evento se realizava aqui nas nossas águas, depois foi levado ao Rio de Janeiro, por causa de falta de patrocínio, o que causou uma frustração enorme no coração dos catarinenses que surfam e gostam desse esporte. A pessoa que detinha a licença para esta etapa declinou, e o evento irá para Reunion Island (uma das ilhas colonizadas pela França no oceano Índico), e por um longo tempo pode não voltar ao Brasil. Todos estão sabendo disso. Se o senhor resolve trazer este evento para cá de novo, posso lhe garantir que será recebido de braços abertos por toda a comunidade do surf de Santa Catarina. Pode não parecer, mas além de surfistas, existe uma legião de pessoas que seguem esse lindo esporte.

O governador então olhou bem sério nos meus olhos e puxou uma carta que já estava pronta para ser assinada – afinal, ele já havia feito suas pesquisas, mas queria saber pessoalmente mais sobre esse novo meio para ele, o surf e seus campeonatos.

Assinou a carta, que dava garantia sobre a premiação do campeonato daquele ano e, quando esticou o braço para me entregar, segurou-a firme na mão, não deixando que eu a pegasse, e me fitou novamente nos olhos dizendo:

— Escuta aqui, garoto, não sei quem você é nesta história, mas quero que saiba que estou comprando uma piscina vazia, e **você** vai me ajudar a enchê-la.

Senti ali, pela primeira vez, o peso desta minha decisão. Como dizem os pilotos de avião: *"Point of no return"* (Ponto sem retorno). Peguei a carta e meus últimos US$ 50.000,00 e embarquei para a Califórnia, onde a ASP iria receber minha proposta. Entretanto, não poderia fazer tudo isso sozinho.

Imediatamente busquei meu fiel parceiro Avelino (Barão). Falei que ele realmente deveria mergulhar num projeto de verdade comigo. Meu talento agora é outro, amigo! Ele imediatamente falou: "Não podemos fazer isso sem o Xandi Fontes, presidente da Fecasurf (Federação Catarinense de Surf)".

Dali mesmo ligamos para o Xandi, e após umas duas reuniões, fechamos a parceria que mudaria de vez a história dos campeonatos de surf no Brasil e no mundo. Minha condição era: "Esse evento deve servir para os surfistas, e um dia eu gostaria de ter uma multidão no aeroporto para receber nossos campeões mundiais!". Era mais uma missão do que uma condição.

Fui à ASP, nos Estados Unidos, entregar a carta e o dinheiro. E o evento foi aprovado e entrou no calendário de competições daquele ano. Naquela hora, o frio na barriga era tanto que comecei a ter insônias e náuseas de vez em quando.

Senti uma pontada de responsabilidade que me avariou e causou efeitos até hoje sentidos no meu dia a dia. Quando voltei, tinha a carta de homologação do evento! Agora era preciso formalizar a proposta ao governador, definindo todos os valores que seriam destinados e utilizados no evento. Uma grande parte teria que vir através da iniciativa privada. E isto seria uma tarefa do Avelino.

Eu e o Xandi cuidaríamos do patrocínio do governo. Preparamos um projeto bem detalhado do evento e marcamos com a secretária do governador num sábado. Quando chegou o sábado, ela nos disse que a reunião havia mudado de lugar e que ele estaria nos esperando no Centro de Convenções em Florianópolis, o Centrosul. Estava rolando uma convenção nacional sobre o tema desenvolvimento.

Gente do país inteiro estava reunida naquele evento, incluindo muitos políticos. O governador pediu para a gente esperar na sala "Joaquina". As salas no Centrosul têm nomes de praias de Florianópolis. Detalhe: o nosso evento de surf ocorreria exatamente na Joaquina! Seria isto um bom sinal?

Depois de esperar algum tempo – que me passou despercebido, já que a adrenalina que corria no meu sangue anulava qualquer mudança no meu tempo –, eis que o governador entra na sala, acompanhado de uma galera em volta (repórteres, fotógrafos, assessores) e também o então ministro do Desenvolvimento, Indústria e Comércio Exterior, o senhor Luiz Fernando Furlan.

Uma pausa: deixa eu explicar o que este ministro tem a ver com essa história, já que quando o governador mencionou que iria falar com um "Padaratz", Furlan fez questão de vir junto. É que muitos anos antes, quando meu pai, Percy Padaratz, trabalhava para uma grande empresa frigorífica, ele fechou um negócio de exportação de frangos para um cliente no Oriente Médio que até então ninguém conhecia – pois quem vendia para ele era um intermediador da África do Sul que ganhava em cima do frango brasileiro.

Naquela negociação, a empresa para a qual o meu pai trabalhava cresceu muito e deixou as concorrentes apavoradas com a crise que pintava na mesa deles. E o ministro Luiz Fernando Furlan sabia disso.

Voltando ao encontro com o governador Luiz Henrique, ele veio direto a mim e me apresentou ao ministro:

— Senhor ministro, esse é nosso campeão do surf, e quer me mostrar um projeto de campeonato mundial aqui em Santa Catarina.

O ministro olhou direto nos meus olhos, com um certo sarcasmo e zomba, e perguntou:

— Escuta aqui garoto, o que tu és do Percy?

Booommm! Ali meus sonhos desapareceriam de uma vez por todas... Respondi totalmente sem jeito. Afinal eu sabia de tudo aquilo:

— Por uma obra do destino, eu sou o filho do meio dele, bem do meio.

Aquilo soou como um certo autoflagelo, ao menos na minha cabeça. E ele continuou:

— Como está teu pai?

E eu:

— Está bem, nós estamos querendo aposentá-lo, anda muito estressado com o trabalho; aí sugerimos consultoria para ele, que gostou da ideia, está dando consultorias.

O governador ficou meio consternado por estarmos falando de alguma coisa que ele não sabia. Ficou mesmo meio constrangedor!

Bom, o ministro virou para o governador e disse com convicção:

— Senhor, pode apostar em qualquer coisa que esse garoto lhe apresentar, ele tem o mesmo olhar do pai dele. Quando esses alemães encarnam numa coisa, é melhor sair da frente, senão eles passam por cima da gente!

O governador deu uma fitada em mim de cima a baixo, e ainda me encarando perguntou ao ministro:

— Mas quem é o pai dele?

E o ministro respondeu:

— Governador, lembra daquele alemão de Blumenau que quase quebrou o mercado do frango da gente com aquela venda para o Oriente Médio? Então, é o pai dele. O senhor não se lembra daquelas filas de caminhões lá em Itajaí e São Francisco? O senhor era prefeito de Joinville!

Aí o ministro virou-se para mim e disse:

— Manda um abração para o teu pai, garoto. Fala para ele que eu nunca o esqueci, afinal aprendi muito com aquilo. Tenho o maior respeito, pois ele teve coragem de ir em frente, o que foi bom para todo mundo no final.

Nesse momento, eu não sabia o que dizer. O governador virou para mim e disse:

— Passa lá no meu gabinete na segunda-feira e a gente fecha esse evento de uma vez.

A primeira parte da missão estava conquistada! Faltava a "água da piscina", lembra? A partir dali fomos com tudo para cima de vários patrocinadores privados, sempre recebendo de volta uma certa desconfiança se aquilo que estávamos propondo valia a pena o investimento ou não.

Afinal, ninguém do mercado aberto sabia exatamente como usar a imagem do surf nas suas campanhas. Na última hora, o Avelino conseguiu, através de um amigo, o patrocínio de uma grande marca de cerveja.

Alguns anos se passaram e a nossa fórmula para o evento começou a dar certo. Nossa visão de que aquele campeonato poderia se tornar um marco na história do surf do Brasil era mesmo real e acabou acontecendo.

A Etapa Brasileira do Circuito Mundial de Surf resultara em uma das mais completas em termos de organização e atendimento. Deu muito trabalho, nossos encontros se tornavam cada vez mais intensos, e nossa amizade começava a se tornar uma convivência profissional regada a muitas discussões sobre o futuro do evento e suas contas, que a cada ano aumentavam extraordinariamente.

Confesso, porém, que aquela parceria profissional chegava a um limite muito perto de interferir na nossa relação. Claro, Avelino e eu temos 10 anos de diferença, e isso começou a se mostrar nas ideias e resoluções do evento. E não era só entre eu e o Avelino – havia também o Xandi Fontes, que dividia com a gente todas as tarefas.

Aliás, foi no Xandi que descobri uma nova chance de parceria mais harmônica, pois eu e Avelino já estávamos tão envolvidos com tantas coisas que era difícil saber quando éramos amigos e quando deveríamos ser sócios num negócio.

Foi então que resolvi um outro problema na vida – afinal, ela é uma fonte de oportunidades! Marquei um almoço com o Avelino, a fim de fazer uma proposta. Comecei falando que nós tínhamos construído uma obra e tanto na vida de surfista, e que isso valia muito; e agora, fora da água, mas cada vez mais dentro do surf, a gente estava começando a mostrar diferenças de opiniões, eu tornava-me cada vez mais independente, e ele já estava cansado daquela politicagem toda.

Lembrei, porém, que a maior obra que havíamos construído fora realmente nossa amizade. Aquilo valia mais do que tudo, mais do que todas as nossas conquistas. E que deveríamos apenas nos encontrar para curtir os filhos e fazer churrasco no fim de semana, para que a gente pudesse curtir nossa amizade finalmente – pois apesar de passarmos os dias nos falando, era sempre uma discussão. Nossos assuntos se baseavam em problemas a serem resolvidos. Afinal, éramos sócios.

A ideia era a de que Avelino deixasse a sociedade do WCT (*World Surf League*) e eu deixasse a sociedade da Tropical Brasil: assim mesmo, sem nem calcular valores daqui e dali. Apenas apertar as mãos e seguirmos nosso caminho separados. Quase como um divórcio, para manter a amizade.

Dito e feito! Ele aceitou na hora! Posso dizer que somos amigos, melhores amigos, até hoje. Sei que sempre vou poder contar com sua parceria e amizade. E ele também tem certeza disso!

Esse capítulo fala muito de nossas escolhas. Sobretudo os amigos e parceiros que escolhemos. Aprendi que conversa boa temos com pessoas comuns na vida da gente. Com os amigos de verdade, temos as conversas mais difíceis. Pois deles sempre virá a verdade, doa a quem doer.

Um amigo de verdade sabe quando você precisa ouvir a verdade, e tanto espera a hora certa para dizer isso, como também tenta escolher a melhor maneira de dizer isso. Nossos verdadeiros amigos às vezes são mesmo indigestos, como já mencionei sobre o Avelino. Mas eles nos dão segurança de quem somos de verdade, pois nos conhecem melhor do que qualquer outra pessoa. Às vezes, têm uma visão muito mais ampla de nós mesmos.

Nesta pequena história podemos ver alguns exemplos de amigos que encontramos na vida. Minhas escolhas me recompensaram nos momentos mais difíceis que passei. Era sempre um amigo que estava lá para ajudar. Será que isso é sorte? Ou será que plantamos amizades pela vida, e na hora certa elas aparecem para nos ajudar?

Prefiro assumir a responsabilidade de encontrar os amigos certos do que rezar para que Deus me coloque no caminho deles. Acho que Deus gostaria que eu fizesse minha parte também; que eu não fosse tão dependente Dele; que, na verdade, eu aprendesse sobre meus poderes e aprendesse a localizar e aceitar os meus defeitos a fim de melhorar nossa espécie – já que, para Deus, somos todos irmãos!

CAPÍTULO 12

O significado da música em minha vida

Bom galera, estou chegando na reta final deste livro que conta um pouco da minha história, mas também tenta compartilhar alguma sabedoria que eu um dia acessei e vi que todos podem acessar. Até agora, não mencionei uma das coisas mais presentes na minha vida: a música!

Escuto música dedicadamente desde os meus 9 anos de idade, quando meus pais se separaram e eu ganhei da minha tia Mabelí um álbum duplo do Pink Floyd, intitulado *The Wall* (O Muro). Que ironia! Eu agora estou do outro lado deste muro referido no álbum.

Estava numa pequena pausa para organizar os pensamentos, enquanto terminava de escrever as últimas palavras deste livro, quando recebi uma mensagem de um amigo pelo *WhatsApp*. Para que não haja problemas de interpretação, resolvi transcrever o diálogo em áudio para texto e compartilhar aqui com vocês. Ele assina como "MH".

MH: *"Teco, vou te comentar um negócio, porque hoje eu tenho mais conhecimento, mais energia, mais tudo para falar no assunto. Quando eu te conheci no evento do Parcel de Balneário Camboriú, naquela vez, eu ainda não tinha filhos, e a minha esposa Michele engravidou de gêmeos, que ainda não tinha na família, e logo depois eles foram diagnosticados com autismo. E claro, no início a gente sofre porque a gente tenta entender por que que a gente é escolhido. E hoje eu dou graças a Deus por ter sido escolhido. Porque são dois anjinhos que dependem somente do nosso acompanhamento, ao menos por enquanto. E se tem uma coisa que deixa eles megacalmos, é a música, cara. E se tu vires na foto postada do evento lá de Atlântida, onde tocaste semana passada, eu fiz questão de sentar bem na frente para prestigiar o amigo, mas principalmente para deixar os meus dois gurizinhos numa paz serena. Então, juntou a vontade com a fome (risos). Foi o primeiro evento deles ao ar livre com música, e pô, altas vibes, né irmão?! Foi um momento bem especial para nós, por isso quis bater a foto e guardar no coração, pois aquele foi um dos pequenos momentos que na vida deles vai ajudar muito na questão da evolução, e eles já estão muito evoluídos. Cada dia mais. E eu, se não bastasse ter conhecido essa galera e ter sentido uma baita energia que isso tem, digo tu, o Armando (Armandinho), que quando vem a Balneário eu dou uma corridinha e a gente se encontra para trocar uma ideia, e também o Saulo Lyra e o*

Ícaro Cavalheiro, que são tios dos guris, então não poderia ter vibe melhor do que a deles, dos amigos que estão juntos abraçando a causa, e eu sou um cara privilegiado em ter amizades assim, mesmo que seja rapidamente, cara, renova as energias. Não só o fato de ter ido te prestigiar, mas eu voltei no tempo, e fez eu lembrar da época de guri, em que eu assinava a revista Fluir, *e tenho guardado com muito carinho uma edição que tinha uma matéria de uma trip que tu e o Fabinho Gouveia fizeram para Mentawai, e porra mano, tu tocou as músicas que...* (neste momento começa a engasgar a voz dele, e eu pude sentir suas lágrimas caindo enquanto ele continuava pausadamente...) *sabe mano, tipo...* (ao som de tapas no peito) *bato no peito* (dava para ouvir as batidas no peito através do áudio) *porque (!) ... cara, mexeu lá dentro sabe?..então... obrigado... pela energia... obrigado pela amizade sincera... e 'tamo junto', vamos lá, essa é a vida!"*

Eu respondi para ele:

"Puxa vida mano, caramba. Eu estou nesse momento cara, nesse exato momento, numa pausa de cinco minutos, pois eu tô o dia inteiro terminando de escrever meu livro, que tenho que entregar na semana que vem. Primeiro livro que eu escrevo. E mano, eu estava falando exatamente sobre isso, cara. É incrível, tuas lágrimas aí me deixaram torto aqui, porque só confirmaram aquilo que eu estava querendo dizer. Só nos momentos extremos que nós alcançamos nosso 100%, porque enquanto a gente não é desafiado, a gen-

te chega somente ao nosso 70% no máximo, de capacidade. E esses últimos 30% estão na nossa capacidade de amar, brother. De amar, de perdoar, de perdoar-se, de assumir os desafios da vida, com alegria, com orgulho, e saber que eles estão na nossa frente apenas para nos dar aprendizado, para nos dar evolução, e pô, teu depoimento só me fez ter certeza do que estou falando. Muito grato por compartilhar! Você é uma pessoa especial, cara. Porque não é só a coragem de ter que assumir incondicionalmente o cuidado com os seus filhos, mas de poder compartilhar isso com alguém. Pô, isso daí tem que ter muita coragem. E você é um cara corajoso por isso. Continue sendo assim! Você inspira bastante gente sendo assim e se prepara, porque o mundo está repleto de pessoas que precisam disto. Então você já é abençoado por compartilhar isso com as pessoas. Vai com Deus, e fica sempre com Ele no coração. Teus filhos só vão te trazer alegria. Eu já tenho uma netinha que é uma loucura. Me deixa maluco de amor aqui. É só alegria, não importa como eles são, pois eles são fruto da gente, são a semente que plantamos, por isso são especiais."

Eu quis passar aqui um exemplo de como a música fala com a gente das maneiras mais incríveis. Neste caso, ela foi só instrumento de ligação entre duas pessoas. Ao menos na aparência. Mas se olharmos profundamente para essa história, veremos que ela serviu de inspiração, de memória afetiva, e de conexão com o Universo, pois nos traz sensações e sentimentos totalmente instintivos.

Por isso, você deve escolher com muito cuidado aquilo que você vai ouvir de música. Tenha certeza de que ela estará trazendo o melhor que há de inspiração para a sua vida. Faça suas escolhas musicais de maneira mais pessoal, e não tendenciosa – ou seja, ditada pela sociedade e seus veículos de mídia –, pois muitas vezes essas mídias irão ditar sua maneira de ser, sem você nem mesmo perceber.

Lembro que sempre quis ser um cara correto, por isso gostava de ouvir músicas que tinham uma postura correta também. Desde cedo eu resolvi escolher músicas que me levavam a um estado de espírito positivo, feliz, mesmo falando de assuntos problemáticos – desde que tivessem essa postura correta na qual eu acreditava, e que teria muito mais a ver com minha personalidade.

Em 1994, logo após meu casamento, montei minha primeira banda, a Surf Explícito, formada com os irmãos Marcos, Cláudio e Ary Ciampolini, e o vocalista Duiliam Sodré, o Maninho. Eu era baterista e compositor das letras da banda. Um tempo depois conheci o grande mestre da música Christiaan Oyens, que toca violão havaiano (violão *slide* de colo), um instrumento mágico originado entre os havaianos, muito tempo atrás.

Chris me ensinou que eu poderia começar a cantar, e logo resolveu produzir meu disco. Quando estávamos na metade da produção do disco, ele me telefonou lá do Rio, num meio de semana, completamente alucinado, dizendo que deveríamos montar uma banda. Então formamos a banda El Niño: eu e Chris cantando, ele na viola havaiana, e eu no violão normal, mas ainda com Marcos Ciampolini na guitarra e outros três músicos do Rio de Janeiro.

Chegamos bem longe naquele projeto, pois fomos finalistas do prêmio Multishow de Música, na categoria instrumentista, através do Chris Oyens; e ainda vendemos 500 mil cópias de uma das nossas músicas – a faixa "Espírito do Mar" –, por meio das novas plataformas digitais que pintaram naquela época. Conseguimos também fazer parte da trilha sonora da novela *Malhação*, da Rede Globo, no ano de 2008.

Logo após, Chris veio me dizer que estava com muito trabalho como produtor musical e não poderia mais dar muita atenção à nossa banda. Foi então que montei minha primeira banda solo, com meu nome mesmo, e desde então já estou no meu terceiro disco solo.

Hoje toco em parceria com Paulinho Freitas, amigo surfista e músico de Fortaleza. Foi engraçado, pois o conheci lá no Ceará mesmo, durante um show que fui contratado, mas que não daria para levar minha banda inteira, pois seria muito caro, e por isso o contratante me ofereceu usar uma banda de lá de Fortaleza: a banda Tow In, do Paulinho Freitas.

Eu estava com minha esposa nesse evento, e após nosso show, que foi espetacular, fui direto ao Paulinho e disse: "Mano, tu és muito bom para estar tão longe de mim (risos)". Ele me respondeu que estava triste, pois sua esposa alemã havia voltado para Alemanha com o filho deles pequeno, porque não havia se acostumado ao Brasil, mais precisamente ao Ceará.

Eu imediatamente o convidei para ir para Floripa, e minha esposa Gabriela também disse que um pai não pode ficar longe do seu filho. Viemos embora para casa com o coração na mão por causa da história do Paulinho.

Eis que uns meses depois, Paulinho me liga dizendo: "Tô chegando aí semana que vem, tens algum trampo para mim?". Fiquei chocado com a coragem dele, pois me disse que havia ido para a Alemanha conversar e convencer sua esposa de que Floripa seria muito melhor para ela se adaptar, e que iria gostar.

Prontamente contatei um amigo de um bar em Floripa, o Breda, que conhece todas as bandas e os bares que contratam músicos para fazer o "som da casa" (dos estabelecimentos). Paulinho foi comigo numa quinta-feira que eu havia marcado para fazer um som de voz e violão no bar do Breda, e pedi para ele:

— Mano, você deixa meu amigo Paulinho fazer duas músicas antes de eu entrar no palco?

Breda respondeu:

— Tu é quem sabes, Teco. Se tu confias no som dele, então eu confio também, mas já vou avisando: trabalho com bandas e músicos há muito tempo e sou bem crítico.

Bom, na metade da primeira música, Breda me chamou num canto e perguntou:

— Esse Paulinho está livre todas as quintas? (Risos!)

Resumo, Paulinho se mudou permanentemente para Florianópolis e sua banda também é minha banda, quando preciso. Inclusive já gravamos dois discos juntos, que você pode encontrar no *Spotify*.

Somos grandes amigos e pude aprender muito com ele, afinal o cara é realmente uma fera no som. Canta e toca guitarra com amor, garra e muita seriedade. Ele teve uma outra filhinha aqui em Floripa, e vive feliz da vida aqui no Sul. Olha só como nossas escolhas musicais nos transformam, ainda mais se você é músico!

CAPÍTULO 13

Sou muito grato ao Universo: boa sorte e boas ondas sempre!

Depois de minha atuação intensiva como surfista profissional, descrita nos capítulos anteriores, vivenciei outros desafios e trabalhos, além do WCT (*World Surf League*), onde exerci funções sempre na área comercial, vendendo as cotas de patrocínio que sustentavam o evento. Tenho trabalhado como apresentador de TV (SporTV), comentarista, produtor, músico e, mais recentemente, experimentei outra arte: a de atuar!

Fui convidado a fazer um papel numa série do *Disney Channel* chamada "Juacas". Meu papel é o de um veterano surfista, e descobri uma paixão que tinha e não sabia: a de trabalhar como ator. Procurem no *YouTube* e poderão acessar essa série.

Foi a partir da experiência como ator que resolvi escrever este livro, pois finalmente parei para perceber quantas coisas eu já havia feito na vida. Fui buscar todos os desafios que ela me colocou à frente.

Nos momentos em que embarcava numa nova empreitada, nunca pensava no significado daquilo tudo: apenas acreditava no que estava à minha frente e seguia meus instintos – mais por costume de ser assim do que tentando chegar a algum lugar.

Por um lado, sinto falta de um norte, como tinha quando entrei na carreira de surfista; mas por outro lado, percebo o quanto sou rico em memórias e experiências. Posso finalmente descrever o significado da palavra "liberdade", pois vivi livre o tempo todo.

Mesmo quando fui direcionado a ser uma pessoa modelo, eu estava na verdade construindo minha personalidade, e gostava de ser assim, de servir de modelo para as pessoas buscarem a sua felicidade – servindo de exemplo sobre como podemos chegar a lugares e posições que às vezes duvidamos.

Sinto uma gratidão enorme às pessoas que estiveram no meu caminho e me mostraram a verdade sobre mim mesmo e sobre o mundo, pois foi com essas pessoas que eu aprendi mais!

Sou muito grato ao Universo por ter me colocado em frente à minha cara metade, ao meu anjo, que desde pequeno fala comigo, nos pensamentos e sonhos, me direcionando e mostrando que a dor da verdade é no fundo a dor da cura, da libertação do Ser, do seu Ser!

Descobri também que quando acreditamos no que se faz, e gostamos de ser assim, não há sacrifício. O sacrifício existe proporcionalmente à sua descrença em si mesmo! Ele só existe quando não estamos a fim de alguma coisa, ou quando sabemos de fato que aquilo não nos levará mais perto de nós mesmos!

Por isso, use o tempo para escolher bem seus caminhos. Sinta-se grato pela oportunidade de explorar a vida da maneira mais verdadeira possível. Descubra-se, pois assim descobrirá os outros e a vida em si.

Não tenha medo nem vergonha de si, em qualquer momento que seja. Afinal, ninguém sabe mais de você do que você mesmo. Sua vida lhe pertence, por ordem divina, e deve ser gerida desta forma.

Quando falamos de espiritualidade, estamos, na verdade, falando desta conversa interna que tenho com meu anjo, e sei que você também tem com o seu. Aquela voz que vem na consciência e que, muitas vezes, deixa o seu rosto vermelho. Não tenha medo desta voz. Ela é você no seu potencial máximo. É o que você pode se tornar! Ela representa seu 100%.

É nas mensagens que essa voz lhe passa que está o caminho para o seu 100%. Por isso, não perca muito tempo buscando nos outros as soluções para os seus problemas, pois os outros somente poderão indicar caminhos, mas as soluções é você quem cria e executa.

Irmão, ou irmã, você tem Deus dentro de si. Você tem a força do Universo dentro de si. Isso lhe pertence, por lei divina. Todos temos o mesmo acesso à sabedoria. Seja você também um buscador de sabedoria, mas aprenda o que fazer com ela. Dê objetivo à sua sabedoria!

Seja **Bom!** Consigo, e com os outros, pois nos sentimos muito melhores assim. E seja feliz, pois isso... não tem preço!

Boa sorte e boas ondas sempre!

Do fundo do coração...

Teco Padaratz

Sobre o autor

Flávio Padaratz, mais conhecido como "Teco", nasceu em 19 de abril de 1971, em Blumenau, Santa Catarina. Ganhou proeminência como surfista brasileiro bicampeão mundial do *World Men's Qualifying Series* (WQS).

Iniciou sua vida no surf ainda menino, quando morava em Balneário Camboriú. Quando Teco tinha 14 anos, o então surfista Avelino Bastos ofereceu-se para ser o seu *shaper*, *coach* e empresário.

Aos 17 anos, passou a morar em Florianópolis, onde se tornou surfista profissional. O litoral catarinense serviu de porto seguro e local de aperfeiçoamento para Teco conseguir deixar a sua marca nos circuitos mundiais e na história do surf brasileiro.

Suas principais conquistas foram o 1º lugar no Alternativa Surf Masters na Barra (RJ) em 1991; o 1º lugar em Hossegor Pro, na França, em 1994, na final inesquecível contra Kelly Slater; e dois campeonatos dos Circuitos WQS, em 1992 e em 1999.

Teco tem compartilhado sua experiência como surfista profissional por meio do workshop *"Surf Experience"*, que permite aos participantes uma imersão de quatro dias no universo do surf, tendo como treinador um bicampeão mundial.

Desenvolveu simultaneamente uma carreira na música, formando em 1994 sua primeira banda, a Surf Explícito, onde foi baterista e compositor. Depois, com Christiaan Oyens, lançou a banda El Niño, em 2008. Desde então, já lançou três discos solos: *Verdade Sempre*, em 2010; *Solitário*, em 2014; e o álbum *Summer Time*, em 2018.

Outra forma de Teco transmitir sua vivência e seus *insights* como ser humano e profissional é mediante palestras motivacionais para públicos dirigidos, tendo como foco central "Buscando o seu verdadeiro 100%". Como empreendedor, Teco Padaratz administra também produtos licenciados com a sua assinatura.

Teco é casado desde 1994 com Gabriela. Tem duas filhas, Júlia e Laura, e uma neta, Laila.